THE ODYSSEY OF HOMER

BOOKS VI AND VII

HOMER

ODYSSEY VI & VII

with Notes and Vocabulary by

G.M.Edwards

Published by Bristol Classical Press
General Editor: John H. Betts
(by arrangement with the Syndicate of the
Cambridge University Press)

Cover illustration: Odysseus meets Nausicaa while Athene at the centre looks on; from an Athenian vase of the mid-fifth century in the red-figure style, Munich. [Drawing by Jean Bees.]

Printed in Great Britain

ISBN 0-86292-005-1

Reprinted by permission of Cambridge University Press
First published by Cambridge University Press 1915
and reprinted up to 1977
Reprint edition by Bristol Classical Press 1982
Department of Classics
University of Bristol
Wills Memorial Building
Queens Road
BRISTOL BS8 1RJ

PREFACE

THIS edition of two beautiful books of Homer is intended for the lower and middle forms of schools. The text followed is mainly that of P. Cauer's school edition (1905), which resolves many troublesome contractions. I am also greatly indebted to the editions of Merry and Riddell, and Faesi ; to Monro's Homeric Grammar ; and to the translations of Butcher and Lang, and Mackail.

G. M. E.

CAMBRIDGE.

September, 1914.

Note

Through a mistaken sense of propriety in 1914 four lines of the original text were omitted from page 6 of this edition; we print below the full version of Odyssey VI 126-138:

ἀλλ᾽ ἄγ᾽, ἐγὼν αὐτὸς πειρήσομαι ἠδὲ ἴδωμαι.᾽

Ὣς εἰπὼν θάμνων ὑπεδύσετο δῖος Ὀδυσσεύς,
ἐκ πυκινῆς δ᾽ ὕλης πτόρθον κλάσε χειρὶ παχείῃ
φύλλων, ὡς ῥύσαιτο περὶ χροῒ μήδεα φωτός.
βῆ δ᾽ ἴμεν ὥς τε λέων ὀρεσίτροφος, ἀλκὶ πεποιθώς,   130
ὅς τ᾽ εἶσ᾽ ὑόμενος καὶ ἀήμενος, ἐν δέ οἱ ὄσσε
δαίεται· αὐτὰρ ὁ βουσὶ μετέρχεται ἠ ὄιεσσιν
ἠὲ μετ᾽ ἀγροτέρας ἐλάφους· κέλεται δέ ἑ γαστὴρ
μήλων πειρήσοντα καὶ ἐς πυκινὸν δόμον ἐλθεῖν·
ὡς Ὀδυσεὺς κούρῃσιν ἐυπλοκάμοισιν ἔμελλε   135
μίξεσθαι, γυμνός περ ἐών· χρειὼ γὰρ ἵκανε.
σμερδαλέος δ᾽ αὐτῇσι φάνη κεκακωμένος ἄλμῃ,
τρέσσαν δ᾽ ἄλλυδις ἄλλη ἐπ᾽ ἠιόνας προὐχούσας·

CONTENTS

ILLUSTRATIONS

(New drawings for this edition by Jean Bees)

THE STORY OF THE ODYSSEY

It is the tenth year since Troy was taken by the Greeks. All the rest, says the poet, who had escaped both war and sea, were now at home. Odysseus only, yearning for his wife Penelope, was kept by the nymph Calypso in her island caves. She longed to have him for her own. [See page xiii] All the gods had pity on Odysseus save Poseidon, Lord of the Sea ; and he raged hotly against him for the Cyclops Polyphemus' sake, whom he blinded of his only eye. [See page xi]

Meanwhile all the noblest that were princes in the isles,—in Ithaca, Dulichium, Same, and Zacynthus—beset Penelope as suitors, and wasted her substance in proud revelry. In a council of the gods Pallas Athene, who had always protected her favourite hero Odysseus, prevailed on Zeus to promise that, in spite of the enmity of Poseidon (now absent from their council), Odysseus should one day return to his beloved Ithaca[1] and wreak

---

[1] Dörpfeld has endeavoured to show that the Ithaca of Homer is the modern Leucadia and not the modern Ithaca, or any of the other islands where Ithaca has been placed.

dire vengeance on 'the island princes over-bold.'

In her martial majesty Athene descends from Olympus, and appears to Telemachus at the palace gates of Ithaca, taking the semblance of a prince of the Taphians, lovers of the oar. She bids Telemachus call an assembly of the folk and lay before them the haughty deeds of the Suitors; and then to sail to Pylus in Elis and to Sparta for tidings of his sire Odysseus. Telemachus enters the assembly, Athene shedding on him a wondrous grace, and he takes his father's seat. But his words are vain; the Suitors answer him with mockery and scorn. Then Athene, now disguised as Mentor, staunch friend of Odysseus, procures a ship; and they set sail together for Pylus, where they are received by Nestor its king, who tells them of Agamemnon and Menelaus. At a banquet the disguised Athene disappears. Then Nestor sends Telemachus to Sparta with Peisistratus his son. At Sparta Telemachus sees Menelaus; and his wife Helen knows the prince by his likeness to his sire. Telemachus hears from the king how Odysseus is detained by Calypso's wiles. Menelaus has learnt this in Egypt from a strange elusive being, the deathless Proteus, Poseidon's thrall.

At last the gods in council send their messenger Hermes to Calypso, bidding her let Odysseus go. Odysseus sails away on a raft of trees, which the nymph taught him to make. In eighteen days he

comes in sight of Scheria, the land of the Phaea-
cians[1]. But Poseidon, returning from Ethiopia,
spies out Odysseus and sends a storm to wreck his
raft. Aided by Athene and the magic veil of the
sea-goddess Ino, he is buoyed up and swims ashore
at a river's mouth ; and there falls asleep on a bed
of leaves. He is found by Nausicaa, daughter of
Alcinous, king of the Phaeacians, a great sea-faring
people ; and is directed by her to the palace of her
father and his queen Arete. Odysseus is splendidly
entertained with feasting and games ; and Alcinous
promises to further his return to Ithaca on the
morrow. The minstrel Demodocus sings of the
Fall of Troy ; whereat Odysseus weeps, and, asked
by Alcinous for the cause thereof, he tells the story
of his wanderings.

Sir R. Jebb, in his *Introduction to Homer*,
remarks that in these *Tales told to Alcinous* 'the
notion of the supernatural takes many fantastic

[1] Dörpfeld, as the result of recent excavations, puts the
Phaeacian capital in the north-west of Corfu on the small peninsula
of Kephali, the topography of which agrees with Homer's des-
cription. There is a small bay which fits the Homeric account.
This is shallow and without anchorage, and ships would have to be
drawn up on the beach. Here close to the coast is a small island
which, according to local tradition, is the petrified ship into which
angry Poseidon turned the Phaeacian ship on its return from
Ithaca. This island is now known as the Sail-ship. Dörpfeld
hopes to make further excavations in Corfu during the present year
[1914]. I owe these particulars to the *Westminster Gazette* for
Feb. 9th.

forms, associated with that outer Wonderland, beyond the Aegean zone, of which sailors had brought stories[1]. It is here that we find those beings or monsters who are neither gods nor men,— Calypso, Circe, Polyphemus, Aeolus, Scylla, and che Sirens.'

Odysseus thus begins the *Tales told to Alcinous*. He tells how, after the taking of Troy, he began his return to Greece. The journey was troublous from the first. Overtaken by a storm, he was thrown on the land of the Cicones in Thrace. He ravaged Ismarus their town; but several of his company were slain. Then he was carried by a north wind to Malea; and then to the Lotus-eaters' land on the African shore. [See Tennyson's *Lotus-eaters*.]

At the Goat island, near the country of the Lotus-eaters, he left eleven ships, and with one sailed to the home of the Cyclopes, a one-eyed race of giant cannibals in Sicily. With twelve companions Odysseus was made prisoner in the cave of their chief, Polyphemus (son of Poseidon)— the mouth secured by a mighty rock. The monster devoured six of the company. The rest were saved

---

[1] e.g. (*a*) the herb *moly*, given by Hermes as a charm against Circe's evil spells; (*b*) the *imperishable veil* of Ino, which saves Odysseus from drowning; (*c*) the flesh *bellowing on the spits*, when the oxen of the Sun are being roasted by the companions of Odysseus; (*d*) the Phaeacian ship suddenly *turned to stone* [Jebb, *Introduction*].

by the cunning of Odysseus, who made the Cyclops drunk with wine, and then robbed him of his only eye with a tree-trunk sharpened and alight. Aid from brother Cyclopes was prevented by the *No-man* trick of Odysseus. Finally he escaped with his surviving friends, fastening them under the bellies of the sheep, which the blinded Cyclops, feeling their backs, let out of his cave,—Odysseus himself concealed beneath the ram, his master's special pet. Thus Odysseus reached his ship, barely escaping destruction from rocks thrown after him by the Cyclops, who uttered loud prayers for vengeance to his father, the Lord of the Sea.

Then Odysseus came to the island of Aeolus, the Wind-god, who granted him a fair wind to waft him safely home, and a bag containing all the other winds. But, in their folly, his mariners untied the bag; and they were carried back to Aeolus, who would aid them no more. Next they reached the savage folk of Laestrygonia, who attacked them in their harbour. Odysseus escaped with the loss of all his ships save one.

Then Odysseus came to the Aeaean isle in the west, where dwelt the enchantress Circe. She turned half of the men of Odysseus into swine. [Compare Milton's *Comus*.] The god Hermes appeared and told him how he might resist her potent magic; and his comrades resumed their human shape. Circe now treated the strangers with kindness; at length Odysseus, after a year's sojourn, begged leave to depart. She bade him descend into the Underworld and consult the seer Teiresias. So Odysseus sailed to the far west, crossing the stream Oceanus, which girdles the earth; and landing in the Cimmerian country, where the Sun-god never shines. Forthwith he enters the Underworld, and there asks Teiresias how he may return to his home. The seer tells of the perils still awaiting him from the wrath of Poseidon; but gives hope that all may yet be well, if his company will refrain from harming the Sun-god's sacred herds. In the Underworld Odysseus meets the spirits of many famous Greeks. Then he returns to Circe, who gives him the same counsel as Teiresias on perils to come.

Circe sent a wind which bore Odysseus and his men to the Sirens' isle, near the western shore of Italy. These two bird-like nymphs sat on their island rocks, and with entrancing song lured to destruction all that sailed by. Prepared for the dread peril, Odysseus filled with wax the ears of his mariners, and lashed himself to the mast, till they were safe from the magic of the Sirens' song.

Then Odysseus tells of two terrors most dread,—Scylla of the rock and Charybdis of the boiling sea—between Italy and Sicily, on the narrow strait. On one side dwelt Scylla, a monster with six heads; but Odysseus with two lances, standing at his prow, could not spy her anywhere; and 'his eyes failed for gazing towards the darkness of the rock.' On the other cliff was a huge fig-tree, under which lived Charybdis, who thrice every day sucked in the waters of the sea and thrice disgorged them. Towards Charybdis they looked fearing ruin. Meanwhile Scylla snatched from Odysseus' ship, and devoured, six of his company. Their shrieks and struggles in the dread conflict were 'the most piteous thing he had witnessed in searching out the paths of the sea.'

Then Odysseus came to Thrinacia, island of the Sun-god, who kept there his sacred herds. Giving heed to the warnings of Teiresias and Circe, Odysseus wished to sail onward; but his comrades needs must land. Odysseus causes them to swear that they will not touch the herds. Detained by contrary winds and overcome by hunger, they kill the finest of the oxen, while their master sleeps. When the tempest abates, they sail away. But, another storm arising, their ship is shattered by a lightning-flash from Zeus.

All were lost except Odysseus, who preserved himself on wreckage of his ship; and, after swimming for nine days, he reached the Ogygian isle, the home of the nymph Calypso. She gave Odysseus a kindly welcome. Wishing to gain his love, she promised all in vain the gift of eternal youth, if only he would stay and forget his beloved Ithaca. For seven years Odysseus sojourned in Calypso's isle, departing only when the nymph received the behest of Zeus, which Hermes brought.

Thus end the *Stories told to Alcinous*

Odysseus was sent home by Alcinous in a Phaeacian ship, which reached the coast of Ithaca, while the hero slept. The Phaeacian crew carry him ashore and leave him. During their return, the ship of the Phaeacians is turned by Poseidon into stone.

Odysseus has now been absent from his home for twenty years. When he wakes, he knows not his native isle. For safety's sake, Athene has covered him with a mist. Odysseus laments his fate; and the goddess tells him where he is, and how he may take vengeance on his haughty and unrighteous foes. To accomplish this, Athene changes him into the form of an aged beggar-man. In this guise he goes to the homestead of his swine-herd Eumaeus, a faithful servant of the house. He receives Odysseus kindly; but knows him not. Odysseus hints that his long-lost master may soon return. Then Telemachus returns to Ithaca. As we have seen, he had journeyed to Sparta and Pylus for tidings of his father Odysseus.

Having escaped the plot of the Suitors, who waylay him, Telemachus goes to see Eumaeus. Then Odysseus, restored for a time by Athene to his own form, makes himself known to his son; and, with Eumaeus, they go together to the town,

Odysseus again disguised; and they plan to slay
the Suitors. Telemachus visits Penelope; but does
not tell her of his sire's return. Then Eumaeus
brings Odysseus, still disguised, to the palace.
The dog Argus knows his master, welcomes him,
and dies. Odysseus fights with fists with Irus, a
beggar-man befriended by the Suitors. Penelope
appears before the Suitors, and draws from them
lovely gifts. Odysseus rejoices thereat. Then she
questions Odysseus, who tells her that her lord is
even now on his homeward way. Penelope tells
Odysseus how she has cheated the Suitors by
delay. Having promised to choose a husband
from among them as soon as she had woven a
splendid web, every night she would unravel the
weaving of the day. Then the aged nurse Eurycleia
washes Odysseus' feet, and by a scar knows her
long-lost master, who bids her keep his secret.

Athene plans with Odysseus the slaying of the
Suitors. Then comes a terrible Vision of Judgment,
from the second-sight of the seer Theoclymenus,
who cries out to these transgressors :—' Shrouded
in night are your heads and your faces and your
knees, and there bursts forth the voice of wailing,
and all cheeks are wet with tears, and the walls
and the fair beams of the roof are sprinkled with
blood. And the porch is full of phantoms, and full
is the court, the shadows of men hasting hell-wards
beneath the gloom ; and the sun has perished out
of heaven, and an evil mist has overspread the

world[1].' But the Suitors pay no heed to his words.

Then the plan of vengeance is worked out. The Suitors are assembled in the Great Hall of the palace. Penelope promises her hand to him among the Suitors who can conquer in the ordeal of the bow of Odysseus. 'Lo, even now,' she says, the morn draws nigh of evil name, that is to sever me from the house of Odysseus; for now I am about to ordain for a trial those axes that he was wont to set up in his halls, twelve in all; and he would stand far apart and shoot his arrow through all their rings. And now I will offer this contest to the Suitors. Whoso shall most easily string the bow in his hands, and shoot through the rings of all twelve axes, with him will I go, and forsake this honourable house, so very fair and filled with all livelihood, which I think I shall yet remember, aye, in a dream[1].' But none of the Suitors can so much as bend that mighty bow. Then Odysseus himself takes up the bow, and strings it with ease. Thus the work of vengeance begins. He throws off his disguise, and, with the aid of Athene and Telemachus, he slays the Suitors with his arrows; the faithless maidens of the house suffer death by the noose. Then—Athene having shed great beauty over him from head to foot—Odysseus makes himself known to Penelope, and tells her in few words the sum of his wanderings. Next we

---

[1] Translated by Butcher and Lang.

see how Hermes with his golden wand shepherds the gibbering souls of the Suitors to the Underworld. Odysseus reveals himself to his sire Laërtes, who, bowed down by age and sorrow, dwelt on his farm outside the town.

Meanwhile the slaying of the Suitors is noised abroad ; and the Ithacans rise up against Odysseus. But Athene, again in the likeness of Mentor, causes a solemn covenant to be made between the people of Ithaca and their lord.

The foot-notes to the text exemplify many differences between Homeric and ordinary Greek word-forms. Some repetitions have been made intentionally. Many of the more difficult forms are dealt with in the explanatory notes.

THE SIXTH BOOK OF
THE ODYSSEY

The visit of Athene to Phaeacia, the realm of Alcinous.

Ὣς ὁ μὲν ἔνθα καθεῦδε πολύτλας δῖος Ὀδυσσεὺς
ὕπνῳ καὶ καμάτῳ ἀρημένος· αὐτὰρ Ἀθήνη
βῆ ῥ' ἐς Φαιήκων ἀνδρῶν δῆμόν τε πόλιν τε·
οἳ πρὶν μέν ποτ' ἔναιον ἐν εὐρυχόρῳ Ὑπερείῃ,
ἀγχοῦ Κυκλώπων ἀνδρῶν ὑπερηνορεόντων,   5
οἵ σφεας σινέσκοντο, βίηφι δὲ φέρτεροι ἦσαν.
ἔνθεν ἀναστήσας ἄγε Ναυσίθοος θεοειδής,
εἷσεν δὲ Σχερίῃ ἑκὰς ἀνδρῶν ἀλφηστάων,
ἀμφὶ δὲ τεῖχος ἔλασσε πόλει καὶ ἐδείματο οἴκους
καὶ νηοὺς ποίησε θεῶν καὶ ἐδάσσατ' ἀρούρας.   10
ἀλλ' ὁ μὲν ἤδη κηρὶ δαμεὶς Ἄιδόσδε βεβήκει,
Ἀλκίνοος δὲ τότ' ἦρχε, θεῶν ἄπο μήδεα εἰδώς.
τοῦ μὲν ἔβη πρὸς δῶμα θεὰ γλαυκῶπις Ἀθήνη,
νόστον Ὀδυσσῆι μεγαλήτορι μητιάουσα.

**The goddess brings a message in a dream to Nausicaa,
daughter of the king.**

βῆ δ' ἴμεν ἐς θάλαμον πολυδαίδαλον, ᾧ ἔνι κούρη 15
κοιμᾶτ' ἀθανάτῃσι φυὴν καὶ εἶδος ὁμοίη,

3 ἔβη	6 βίᾳ	10 ναούς	15 ᾧ ἔνι] ἐν ᾧ
ῥ'] ἄρα	7 ἦγε	ἐδάσατο	κόρη
4 Ὑπερείᾳ	8 Σχερίᾳ	14 Ὀδυσσεῖ	16 ἐκοιμᾶτο
5 ἄγχι	ἀλφηστῶν	μητιῶσα	ἀθανάταις (or -οις)
6 σφᾶς	9 ἤλασε	15 ἴμεν] ἰέναι	ὁμοία

Ναυσικάα. θυγάτηρ μεγαλήτορος Ἀλκινόοιο·
πὰρ δὲ δύ' ἀμφίπολοι, Χαρίτων ἄπο κάλλος ἔχουσαι,
σταθμοῖιν ἑκάτερθε· θύραι δ' ἐπέκειντο φαειναί.
ἡ δ' ἀνέμου ὡς πνοιὴ ἐπέσσυτο δέμνια κούρης,   20
στῆ δ' ἄρ' ὑπὲρ κεφαλῆς καί μιν πρὸς μῦθον ἔειπεν,
εἰδομένη κούρῃ ναυσικλειτοῖο Δύμαντος,
ἥ οἱ ὁμηλικίη μὲν ἔην, κεχάριστο δὲ θυμῷ·
τῇ μιν ἐεισαμένη προσέφη γλαυκῶπις Ἀθήνη·
"Ναυσικάα, τί νύ σ' ὧδε μεθήμονα γείνατο μήτηρ;   25
εἵματα μέν τοι κεῖται ἀκηδέα σιγαλόεντα,
σοὶ δὲ γάμος σχεδόν ἐστιν, ἵνα χρὴ καλὰ μὲν αὐτὴν
ἕννυσθαι, τὰ δὲ τοῖσι παρασχέμεν, οἵ κέ σ' ἄγωνται·
ἐκ γάρ τοι τούτων φάτις ἀνθρώπους ἀναβαίνει
ἐσθλή, χαίρουσιν δὲ πατὴρ καὶ πότνια μήτηρ.   30
ἀλλ' ἴομεν πλυνέουσαι ἅμ' ἠόι φαινομένηφιν·
καί τοι ἐγὼ συνέριθος ἅμ' ἕψομαι, ὄφρα τάχιστα
ἐντύνῃ, ἐπεὶ οὔ τοι ἔτι δὴν παρθένος ἔσσῃ·
ἤδη γάρ σε μνῶνται ἀριστῆες κατὰ δῆμον
πάντων Φαιήκων, ὅθι τοι γένος ἐστὶ καὶ αὐτῇ.   35
ἀλλ' ἄγ' ἐπότρυνον πατέρα κλυτὸν ἠῶθι πρὸ
ἡμιόνους καὶ ἄμαξαν ἐφοπλίσαι, ἥ κεν ἄγῃσιν
ζῶστρά τε καὶ πέπλους καὶ ῥήγεα σιγαλόεντα.
καὶ δὲ σοὶ ὧδ' αὐτῇ πολὺ κάλλιον ἠὲ πόδεσσιν
ἔρχεσθαι· πολλὸν γὰρ ἄπο πλυνοί εἰσι πόληος."   40

7 Ἀλκινόου	23 ἔην] ἦν	29 τοι] σοι	35 ὅθι] οὗ
18 παρὰ δέ	24 εἰσαμένη	31 ἴωμεν	37 ἄγῃ
19 σταθμοῦν	25 νυν encl.	πλυνοῦσαι	39 ἠέ] ἤ
20 πνοή	ἐγείνατο	φαινομένῃ	πόδεσσιν] ποσίν
21 ἔστη	26 ἀκηδῆ	33 ἔσσῃ] ἔσει	40 πολλόν] πολύ
εἶπεν	28 παρασχεῖν	34 ἀριστεῖς	πόληος] πόλεως
22 ναυσικλειτοῦ			

Athene returns to Olympus.

ἡ μὲν ἄρ' ὣς εἰποῦσ' ἀπέβη γλαυκῶπις 'Αθήνη
Οὔλυμπόνδ', ὅθι φασὶ θεῶν ἔδος ἀσφαλὲς αἰεὶ
ἔμμεναι· οὔτ' ἀνέμοισι τινάσσεται οὔτε ποτ' ὄμβρῳ
δεύεται, οὔτε χιὼν ἐπιπίλναται, ἀλλὰ μάλ' αἴθρη
πέπταται ἀννέφελος, λευκὴ δ' ἐπιδέδρομεν αἴγλη·
τῷ ἔνι τέρπονται μάκαρες θεοὶ ἤματα πάντα.   46
ἔνθ' ἀπέβη γλαυκῶπις, ἐπεὶ διεπέφραδε κούρῃ.
αὐτίκα δ' 'Ηὼς ἦλθεν ἐύθρονος, ἥ μιν ἔγειρεν
Ναυσικάαν εὔπεπλον· ἄφαρ δ' ἀπεθαύμασ' ὄνειρον.

Nausicaa and her parents.

βῆ δ' ἰέναι διὰ δώμαθ', ἵν' ἀγγείλειε τοκεῦσιν,   50
πατρὶ φίλῳ καὶ μητρί· κιχήσατο δ' ἔνδον ἐόντας.
ἡ μὲν ἐπ' ἐσχάρῃ ἧστο σὺν ἀμφιπόλοισι γυναιξὶν
ἠλάκατα στρωφῶσ' ἁλιπόρφυρα· τῷ δὲ θύραζε
ἐρχομένῳ ξύμβλητο μετὰ κλειτοὺς βασιλῆας
ἐς βουλήν, ἵνα μιν κάλεον Φαίηκες ἀγαυοί.   55
ἡ δὲ μάλ' ἄγχι στᾶσα φίλον πατέρα προσέειπεν·
"πάππα φίλ', οὐκ ἂν δή μοι ἐφοπλίσσειας ἀπήνην
ὑψηλὴν εὔκυκλον, ἵνα κλυτὰ εἵματ' ἄγωμαι
ἐς ποταμὸν πλυνέουσα, τά μοι ῥερυπωμένα κεῖται;
καὶ δὲ σοὶ αὐτῷ ἔοικε μετὰ πρώτοισιν ἐόντα   60
βουλὰς βουλεύειν καθαρὰ χροῒ εἵματ' ἔχοντα.
πέντε δέ τοι φίλοι υἷες ἐνὶ μεγάροις γεγάασιν,

---

42 Οὐλυμπόνδε]	45 ἀνέφελος	52 ἐσχάρᾳ	56 προσεῖπεν
εἰς "Ολυμπον	46 τῷ ἔνι] ἐν ᾧ	54 ξυνεβάλετο	58 ἄγω
ἀεί	47 διέφρασε	βασιλεῖς	61 χρῷ or χρωτί
43 ἔμμεναι] εἶναι	51 ὄντας	55 ἐκάλουν	62 τοι] σοι
ἀνέμοις			

οἱ δύ ὀπυίοντες, τρεῖς δ' ἠίθεοι θαλέθοντες·
οἱ δὲ αἰεὶ ἐθέλουσι νεόπλυτα εἵματ' ἔχοντες   64
ἐς χορὸν ἔρχεσθαι· τὰ δ' ἐμῇ φρενὶ πάντα μέμηλεν."
ὣς ἔφατ'· αἴδετο γὰρ θαλερὸν γάμον ἐξονομῆναι
πατρὶ φίλῳ· ὁ δὲ πάντα νόει καὶ ἀμείβετο μύθῳ·
" οὔτε τοι ἡμιόνων φθονέω, τέκος, οὔτε τευ ἄλλου.
ἔρχευ· ἀτάρ τοι δμῶες ἐφοπλίσσουσιν ἀπήνην
ὑψηλὴν εὔκυκλον, ὑπερτερίῃ ἀραρυῖαν."   70

Nausicaa and her maidens go a-washing.

ὣς εἰπὼν δμώεσσιν ἐκέκλετο, τοὶ δ' ἐπίθοντο.
οἱ μὲν ἄρ' ἐκτὸς ἄμαξαν ἐύτροχον ἡμιονείην
ὅπλεον, ἡμιόνους θ' ὕπαγον ζεῦξάν θ' ὑπ' ἀπήνῃ.
κούρη δ' ἐκ θαλάμοιο φέρεν ἐσθῆτα φαεινήν,
καὶ τὴν μὲν κατέθηκεν ἐυξέστῳ ἐπ' ἀπήνῃ·   75
μήτηρ δ' ἐν κίστῃ ἐτίθει μενοεικέ' ἐδωδὴν
παντοίην, ἐν δ' ὄψα τίθει, ἐν δ' οἶνον ἔχευεν
ἀσκῷ ἐν αἰγείῳ· κούρη δ' ἐπεβήσετ' ἀπήνης·
δῶκεν δὲ χρυσῇ ἐν ληκύθῳ ὑγρὸν ἔλαιον,
ἧος χυτλώσαιτο σὺν ἀμφιπόλοισι γυναιξίν.   80
ἡ δ' ἔλαβεν μάστιγα καὶ ἡνία σιγαλόεντα,
μάστιξεν δ' ἐλάειν· καναχὴ δ' ἦν ἡμιόνοιιν.
αἱ δ' ἄμοτον τανύοντο, φέρον δ' ἐσθῆτα καὶ αὐτήν,
οὐκ οἴην· ἅμα τῇ γε καὶ ἀμφίπολοι κίον ἄλλαι.
αἱ δ' ὅτε δὴ ποταμοῖο ῥόον περικαλλέ' ἵκοντο—   85

66 ἔφη	69 ἔρχου	74 θάλαμον	78 ἐπέβη
ᾔδεῖτο	71 ἐκάλεσε	ἔφερεν	80 ἧος] ἕως
67 ἐνόει	τοὶ δ'] οἱ δέ	75 τήν] ταύτην	82 ἐλαύνειν
ἠμείβετο	73 ὥπλιζον	77 ἐτίθει	84 οἴαν
68 τευ] τινος	ὑπῆγον	ἔχεεν	85 ῥοῦν

ἔνθ᾽ ἦ τοι πλυνοὶ ἦσαν ἐπηετανοί, πολὺ δ᾽ ὕδωρ
καλὸν ὑπεκπρόρεεν μάλα περ ῥυπάοντα καθῆραι—
ἔνθ᾽ αἵ γ᾽ ἡμιόνους μὲν ὑπεκπροέλυσαν ἀπήνης.
καὶ τὰς μὲν σεῦαν ποταμὸν πάρα δινήεντα
τρώγειν ἄγρωστιν μελιηδέα· ταὶ δ᾽ ἀπ᾽ ἀπήνης 90
εἵματα χερσὶν ἕλοντο καὶ ἐσφόρεον μέλαν ὕδωρ,
στεῖβον δ᾽ ἐν βόθροισι θοῶς ἔριδα προφέρουσαι.
αὐτὰρ ἐπεὶ πλῦνάν τε κάθηράν τε ῥύπα πάντα,
ἐξείης πέτασαν παρὰ θῖν᾽ ἁλός, ἧχι μάλιστα
λάϊγγας ποτὶ χέρσον ἀποπτύεσκε θάλασσα. 95
αἱ δὲ λοεσσάμεναι καὶ χρισάμεναι λίπ᾽ ἐλαίῳ
δεῖπνον ἔπειθ᾽ εἵλοντο παρ᾽ ὄχθῃσιν ποταμοῖο·
εἵματα δ᾽ ἠελίοιο μένον τερσήμεναι αὐγῇ.

A game at ball awakes Odysseus.

αὐτὰρ ἐπεὶ σίτου τάρφθεν δμωαί τε καὶ αὐτή,
σφαίρῃ ταίδ᾽ ἄρ᾽ ἔπαιζον, ἀπὸ κρήδεμνα βαλοῦσαι·
τῇσι δὲ Ναυσικάα λευκώλενος ἤρχετο μολπῆς. 101
οἵη δ᾽ Ἄρτεμις εἶσι κατ᾽ οὔρεος ἰοχέαιρα,
ἢ κατὰ Τηΰγετον περιμήκετον ἢ Ἐρύμανθον,
τερπομένη κάπροισι καὶ ὠκείῃς ἐλάφοισιν·
τῇ δέ θ᾽ ἅμα νύμφαι, κοῦραι Διὸς αἰγιόχοιο, 105
ἀγρονόμοι παίζουσι· γέγηθε δέ τε φρένα Λητώ·
πασάων δ᾽ ὑπὲρ ἥ γε κάρη ἔχει ἠδὲ μέτωπα,
ῥεῖά τ᾽ ἀριγνώτη πέλεται, καλαὶ δέ τε πᾶσαι—

91 εἵλοντο	97 ὄχθαις	102 οἷα
εἰσεφόρουν	98 ἡλίου	ὄρους
93 ἔπλυναν	ἔμενον	104 ὠκείαις
94 ἐξῆς	τέρσεσθαι	107 πασῶν
ἧχι] ᾗ	99 τάρφθεν] ἐτέρφθησαν	κάρα
95 προτί] πρός	100 ταίδε] αἵδε	108 ῥεῖα] ῥᾳδίως
96 λουσάμεναι	101 τῇσι] ταῖσδε	

ὣς ἥ γ᾽ ἀμφιπόλοισι μετέπρεπε παρθένος ἀδμής.
ἀλλ᾽ ὅτε δὴ ἄρ᾽ ἔμελλε πάλιν οἰκόνδε νέεσθαι   110
ζεύξασ᾽ ἡμιόνους πτύξασά τε εἵματα καλά,
ἔνθ᾽ αὖτ᾽ ἄλλ᾽ ἐνόησε θεὰ γλαυκῶπις Ἀθήνη,
ὡς Ὀδυσεὺς ἔγροιτο ἴδοι τ᾽ εὐώπιδα κούρην,
ἥ οἱ Φαιήκων ἀνδρῶν πόλιν ἡγήσαιτο.
σφαῖραν ἔπειτ᾽ ἔρριψε μετ᾽ ἀμφίπολον βασίλεια·   115
ἀμφιπόλου μὲν ἅμαρτε, βαθείῃ δ᾽ ἔμβαλε δίνῃ·
αἱ δ᾽ ἐπὶ μακρὸν ἄυσαν· ὁ δ᾽ ἔγρετο δῖος Ὀδυσσεύς,
ἑζόμενος δ᾽ ὥρμαινε κατὰ φρένα καὶ κατὰ θυμόν·
" ὤ μοι ἐγώ, τέων αὖτε βροτῶν ἐς γαῖαν ἱκάνω;
ἦ ῥ᾽ οἵ γ᾽ ὑβρισταί τε καὶ ἄγριοι οὐδὲ δίκαιοι,   120
ἦε φιλόξεινοι καί σφιν νόος ἐστὶ θεουδής;
ὥς τέ με κουράων ἀμφήλυθε θῆλυς ἀυτή—
νυμφάων, αἳ ἔχουσ᾽ ὀρέων αἰπεινὰ κάρηνα
καὶ πηγὰς ποταμῶν καὶ πίσεα ποιήεντα.
ἦ νύ που ἀνθρώπων εἰμὶ σχεδὸν αὐδηέντων;   125
ἀλλ᾽ ἄγ᾽ ἐγὼν αὐτὸς πειρήσομαι ἠδὲ ἴδωμαι."

Odysseus lion-like strides forth from his lair.
ὣς εἰπὼν θάμνων ὑπεδύσετο δῖος Ὀδυσσεύς·
βῆ δ᾽ ἴμεν ὥς τε λέων ὀρεσίτροφος ἀλκὶ πεποιθώς,
ὅς τ᾽ εἶσ᾽ ὑόμενος καὶ ἀήμενος, ἐν δέ οἱ ὄσσε   131
δαίεται· αὐτὰρ ὁ βουσὶ μετέρχεται ἢ ὀίεσσιν
ἠὲ μετ᾽ ἀγροτέρας ἐλάφους· κέλεται δέ ἑ γαστὴρ
μήλων πειρήσοντα καὶ ἐς πυκινὸν δόμον ἐλθεῖν·   134

116 ἥμαρτε	121 φιλόξενοι	130 ἴμεν] ἰέναι
ἐνέβαλε	122 κουράων] κορῶν	ἀλκῇ
119 τέων] τίνων	περιῆλθε	132 οἶσί
γαῖαν] γῆν	126 πειράσωμαι	133 κέλεται] καλεῖ
ἱκάνω] (ἀφ)ικνοῦμαι	127 ὑπέδυ	134 πυκνόν
121 ἠέ] ἥ		

Girl playing ball from the interior of an early fifth century Athenian wine cup (*kylix*) in the red-figure style; Louvre, Paris.

Girls washing from a mid-fifth century Athenian wine jar (*stamnos*) in the red-figure style; Antikensammlungen, Munich.

σμερδαλέος δ' αὐτῇσι φάνη κεκακωμένος ἅλμῃ·
τρέσσαν δ' ἄλλυδις ἄλλη ἐπ' ἠιόνας προεχούσας.
οἴη δ' Ἀλκινόου θυγάτηρ μένε· τῇ γὰρ Ἀθήνη
θάρσος ἐνὶ φρεσὶ θῆκε καὶ ἐκ δέος εἵλετο γυίων. 140
στῆ δ' ἄντα σχομένη· ὁ δὲ μερμήριξεν Ὀδυσσεύς,
ἢ γούνων λίσσοιτο λαβὼν εὐώπιδα κούρην,
ἢ αὕτως ἐπέεσσιν ἀποσταδὰ μειλιχίοισιν
λίσσοιτ', εἰ δείξειε πόλιν καὶ εἵματα δοίη.

The supplication of Odysseus to Nausicaa.

ὡς ἄρα οἱ φρονέοντι δεάσσατο κέρδιον εἶναι· 145
λίσσεσθαι ἐπέεσσιν ἀποσταδὰ μειλιχίοισιν,
μή οἱ γοῦνα λαβόντι χολώσαιτο φρένα κούρη.
αὐτίκα μειλίχιον καὶ κερδαλέον φάτο μῦθον·
"γουνοῦμαί σε, ἄνασσα· θεός νύ τις ἢ βροτός ἐσσι;
εἰ μέν τις θεός ἐσσι, τοὶ οὐρανὸν εὐρὺν ἔχουσιν, 150
Ἀρτέμιδί σε ἐγώ γε, Διὸς κούρῃ μεγάλοιο,
εἶδός τε μέγεθός τε φυήν τ' ἄγχιστα ἐΐσκω·
εἰ δέ τίς ἐσσι βροτῶν, τοὶ ἐπὶ χθονὶ ναιετάουσιν,
τρὶς μάκαρες μὲν σοί γε πατὴρ καὶ πότνια μήτηρ,
τρὶς μάκαρες δὲ κασίγνητοι· μάλα πού σφισι θυμὸς
αἰὲν ἐυφροσύνῃσιν ἰαίνεται εἵνεκα σεῖο, 156
λευσσόντων τοιόνδε θάλος χορὸν εἰσοιχνεῦσαν.
κεῖνος δ' αὖ πέρι κῆρι μακάρτατος ἔξοχον ἄλλων,
ὅς κέ σ' ἐέδνοισι βρίσας οἶκόνδ' ἀγάγηται.
οὐ γάρ πω τοιοῦτον ἴδον βροτὸν ὀφθαλμοῖσιν, 160

138 ἔτρεσαν	148 φάτο] ἔφη	156 ἔνεκα	159 ἔδνοις
143 ἔπεσιν	149 νυν encl.	σεῖο] σοῦ	οἴκαδε
145 φρονοῦντι	156 ἀεί	157 εἰσοιχνοῦσαν	160 εἶδον
147 γόνατα	εὐφροσύναις		

οὔτ᾽ ἄνδρ᾽ οὔτε γυναῖκα· σέβας μ᾽ ἔχει εἰσοράοντα.
Δήλῳ δή ποτε τοῖον Ἀπόλλωνος παρὰ βωμῷ
φοίνικος νέον ἔρνος ἀνερχόμενον ἐνόησα—
ἦλθον γὰρ καὶ κεῖσε, πολὺς δέ μοι ἕσπετο λαός,
τὴν ὁδόν, ᾗ δὴ μέλλεν ἐμοὶ κακὰ κήδε᾽ ἔσεσθαι—
ὣς δ᾽ αὔτως καὶ κεῖνο ἰδὼν ἐτεθήπεα θυμῷ   166
δήν, ἐπεὶ οὔ πω τοῖον ἀνήλυθεν ἐκ δόρυ γαίης,
ὡς σέ, γύναι, ἄγαμαί τε τέθηπά τε, δείδοα δ᾽ αἰνῶς
γούνων ἅψασθαι· χαλεπὸν δέ με πένθος ἱκάνει.
χθιζὸς ἐεικοστῷ φύγον ἤματι οἴνοπα πόντον·   170
τόφρα δέ μ᾽ αἰεὶ κῦμα φόρει κραιπναί τε θύελλαι
νήσου ἀπ᾽ Ὠγυγίης. νῦν δ᾽ ἐνθάδε κάββαλε δαίμων,
ὄφρα τί που καὶ τῇδε πάθω κακόν· οὐ γὰρ ὀίω
παύσεσθ᾽, ἀλλ᾽ ἔτι πολλὰ θεοὶ τελέουσι πάροιθεν.
ἀλλά, ἄνασσ᾽, ἐλέαιρε· σὲ γὰρ κακὰ πολλὰ μογήσας
ἐς πρώτην ἱκόμην, τῶν δ᾽ ἄλλων οὔ τινα οἶδα   176
ἀνθρώπων, οἳ τήνδε πόλιν καὶ γαῖαν ἔχουσιν.
ἄστυ δέ μοι δεῖξον, δὸς δὲ ῥάκος ἀμφιβαλέσθαι,
εἴ τί που εἴλυμα σπείρων ἔχες ἐνθάδ᾽ ἰοῦσα.
σοὶ δὲ θεοὶ τόσα δοῖεν ὅσα φρεσὶ σῇσι μενοινᾷς,   180
ἄνδρα τε καὶ οἶκον, καὶ ὁμοφροσύνην ὀπάσειαν
ἐσθλήν· οὐ μὲν γὰρ τοῦ γε κρεῖσσον καὶ ἄρειον,
ἢ ὅθ᾽ ὁμοφρονέοντε νοήμασιν οἶκον ἔχητον
ἀνὴρ ἠδὲ γυνή—πόλλ᾽ ἄλγεα δυσμενέεσσιν,   184
χάρματα δ᾽ εὐμενέτῃσι· μάλιστα δέ τ᾽ ἔκλυον αὐτοί."

161 εἰσορῶντα	170 εἰκοστῷ	179 εἶχες
166 ἐτεθήπειν	171 ἐφόρει	182 μέν] μήν
167 ἀνῆλθεν	172 κατέβαλε	184 δυσμενέσιν
168 δείδω or δέδια	173 οἴομαι or οἶμαι	185 εὐμενέταις
169 γονάτων	174 τελοῦσι	

The gracious reply of Nausicaa.

τὸν δ' αὖ Ναυσικάα λευκώλενος ἀντίον ηὔδα·
"ξεῖν', ἐπεὶ οὔτε κακῷ οὔτ' ἄφρονι φωτὶ ἔοικας,—
Ζεὺς δ' αὐτὸς νέμει ὄλβον Ὀλύμπιος ἀνθρώποισιν,
ἐσθλοῖς ἠδὲ κακοῖσιν, ὅπως ἐθέλῃσιν, ἑκάστῳ·
καί που σοὶ τάδ' ἔδωκε, σὲ δὲ χρὴ τετλάμεν ἔμπης.
νῦν δ' ἐπεὶ ἡμετέρην τε πόλιν καὶ γαῖαν ἱκάνεις,   191
οὔτ' οὖν ἐσθῆτος δευήσεαι οὔτε τευ ἄλλου,
ὧν ἐπέοιχ' ἱκέτην ταλαπείριον ἀντιάσαντα.
ἄστυ δέ τοι δείξω, ἐρέω δέ τοι οὔνομα λαῶν·
Φαίηκες μὲν τήνδε πόλιν καὶ γαῖαν ἔχουσιν,   195
εἰμὶ δ' ἐγὼ θυγάτηρ μεγαλήτορος Ἀλκινόοιο,
τοῦ δ' ἐκ Φαιήκων ἔχεται κάρτος τε βίη τε."

Nausicaa to her maidens.

ἦ ῥα, καὶ ἀμφιπόλοισιν ἐυπλοκάμοισι κέλευσεν·
"στῆτέ μοι, ἀμφίπολοι· πόσε φεύγετε φῶτα ἰδοῦσαι;
ἦ μή πού τινα δυσμενέων φάσθ' ἔμμεναι ἀνδρῶν;
οὐκ ἔσθ' οὗτος ἀνὴρ διερὸς βροτός, οὐδὲ γένηται,
ὅς κεν Φαιήκων ἀνδρῶν ἐς γαῖαν ἵκηται
δηιοτῆτα φέρων· μάλα γὰρ φίλοι ἀθανάτοισιν.
οἰκέομεν δ' ἀπάνευθε πολυκλύστῳ ἐνὶ πόντῳ   204
ἔσχατοι, οὐδέ τις ἄμμι βροτῶν ἐπιμίσγεται ἄλλος.
ἀλλ' ὅδε τις δύστηνος ἀλώμενος ἐνθάδ' ἱκάνει,
τὸν νῦν χρὴ κομέειν· πρὸς γὰρ Διός εἰσιν ἅπαντες

187 ξένε	194 ἐρῶ	198 ῥα] ἅρα	204 οἰκοῦμεν
189 ἐθέλῃ	ὄνομα	199 πόσε] ποῖ	205 ἄμμι] ἡμῖν
192 δεήσει	197 βία	200 δυσμενῶν	ἐπιμίγνυται
τευ] τινος	198 ἦ] ἔφη	ἔμμεναι] εἶναι	

ξεῖνοί τε πτωχοί τε, δόσις δ᾽ ὀλίγη τε φίλη τε.
ἀλλὰ δότ᾽, ἀμφίπολοι, ξείνῳ βρῶσίν τε πόσιν τε
λούσατέ τ᾽ ἐν ποταμῷ, ὅθ᾽ ἔπι σκέπας ἔστ᾽ ἀνέμοιο."

Odysseus washed and clothed. Athene sheds radiant beauty over him.

ὣς ἔφαθ᾽· αἱ δ᾽ ἔσταν τε καὶ ἀλλήλῃσι κέλευσαν,
κὰδ δ᾽ ἄρ᾽ Ὀδυσσῆ᾽ εἷσαν ἐπὶ σκέπας, ὡς ἐκέλευσεν
Ναυσικάα, θυγάτηρ μεγαλήτορος Ἀλκινόοιο·
πὰρ δ᾽ ἄρα οἱ φάρός τε χιτῶνά τε εἵματ᾽ ἔθηκαν,
δῶκαν δὲ χρυσῇ ἐν ληκύθῳ ὑγρὸν ἔλαιον,   215
ἤνωγον δ᾽ ἄρα μιν λοῦσθαι ποταμοῖο ῥοῇσιν.
δή ῥα τότ᾽ ἀμφιπόλοισι μετηύδαε δῖος Ὀδυσσεύς·
" ἀμφίπολοι, στῆθ᾽ οὕτω ἀπόπροθεν, ὄφρ᾽ ἐγὼ αὐτὸς
ἅλμην ὤμοιιν ἀπολούσομαι, ἀμφὶ δ᾽ ἐλαίῳ
χρίσομαι· ἦ γὰρ δηρὸν ἄπο χροός ἐστιν ἀλοιφή.   220
ἄντην δ᾽ οὐκ ἂν ἐγώ γε λοέσσομαι· αἰδέομαι γὰρ
γυμνοῦσθαι κούρῃσιν ἐυπλοκάμοισι μετελθών."
ὣς ἔφαθ᾽· αἱ δ᾽ ἀπάνευθεν ἴσαν, εἶπον δ᾽ ἄρα κούρῃ.
αὐτὰρ ὁ ἐκ ποταμοῦ χρόα νίζετο δῖος Ὀδυσσεὺς
ἅλμην, ἥ οἱ νῶτα καὶ εὐρέας ἄμπεχεν ὤμους·   225
ἐκ κεφαλῆς δ᾽ ἔσμηχεν ἁλὸς χνόον ἀτρυγέτοιο.
αὐτὰρ ἐπεὶ δὴ πάντα λοέσσατο καὶ λίπ᾽ ἄλειψεν,
ἀμφὶ δὲ εἵματα ἕσσαθ᾽, ἅ οἱ πόρε παρθένος ἀδμής·
τὸν μὲν Ἀθηναίη θῆκεν Διὸς ἐκγεγαυῖα
μείζονά τ᾽ εἰσιδέειν καὶ πάσσονα, κὰδ δὲ κάρητος   230

210 ὅθι] οὗ	216 λούεσθαι	222 κόραις	230 εἰσιδεῖν
211 ἔστησαν	ῥοαῖς	223 ἴσαν] ᾖσαν	παχύτερον
ἀλλήλαις	219 ὤμοιν	225 ἤμπισχεν	κατὰ δέ
212 κατὰ δέ	ἀπολούσωμαι	227 ἐλούσατο	κρατός
214 παρὰ δέ	221 λούσομαι		

οὔλας ἧκε κόμας ὑακινθίνῳ ἄνθει ὁμοίας.
ὡς δ' ὅτε τις χρυσὸν περιχεύεται ἀργύρῳ ἀνὴρ
ἴδρις, ὃν Ἥφαιστος δέδαεν καὶ Παλλὰς Ἀθήνη
τέχνην παντοίην, χαρίεντα δὲ ἔργα τελείει·
ὡς ἄρα τῷ κατέχευε χάριν κεφαλῇ τε καὶ ὤμοις. 235
ἕζετ' ἔπειτ' ἀπάνευθε κιὼν ἐπὶ θῖνα θαλάσσης,
κάλλεϊ καὶ χάρισι στίλβων· θηεῖτο δὲ κούρη.

The maidens give Odysseus food and drink.

δή ῥα τότ' ἀμφιπόλοισιν ἐυπλοκάμοισι μετηύδα·
"κλῦτέ μευ ἀμφίπολοι λευκώλενοι, ὄφρα τι εἴπω.
οὐ πάντων ἀέκητι θεῶν, οἳ Ὄλυμπον ἔχουσιν, 240
Φαιήκεσσ' ὅδ' ἀνὴρ ἐπιμίσγεται ἀντιθέοισιν·
πρόσθεν μὲν γὰρ δή μοι ἀεικέλιος δέατ' εἶναι,
νῦν δὲ θεοῖσιν ἔοικε, τοὶ οὐρανὸν εὐρὺν ἔχουσιν.
αἲ γὰρ ἐμοὶ τοιόσδε πόσις κεκλημένος εἴη
ἐνθάδε ναιετάων, καί οἱ ἅδοι αὐτόθι μίμνειν. 245
ἀλλὰ δότ', ἀμφίπολοι, ξείνῳ βρῶσίν τε πόσιν τε."
ὡς ἔφαθ'· αἱ δ' ἄρα τῆς μάλα μὲν κλύον ἠδ' ἐπίθοντο,
πὰρ δ' ἄρ' Ὀδυσσῆι ἔθεσαν βρῶσίν τε πόσιν τε.
ἦ τοι ὁ πῖνε καὶ ἦσθε πολύτλας δῖος Ὀδυσσεὺς
ἁρπαλέως· δηρὸν γὰρ ἐδητύος ἦεν ἄπαστος. 250

The counsel of Nausicaa to Odysseus. Her device to avoid taunts.

αὐτὰρ Ναυσικάα λευκώλενος ἄλλ ἐνόησεν·
εἵματ' ἄρα πτύξασα τίθει καλῆς ἐπ' ἀπήνης,

234 τελεῖ   244 αἲ] εἰ   249 ἤσθιε
237 ἐθεᾶτο   245 αὐτοῦ   250 ἦεν] ἦν
239 μευ] μου   245 μίμνειν] μένειν

ζεῦξεν δ᾽ ἡμιόνους κρατερώνυχας, ἂν δ᾽ ἔβη αὐτή·
ὤτρυνεν δ᾽ Ὀδυσῆα ἔπος τ᾽ ἔφατ᾽ ἔκ τ᾽ ὀνόμαζεν·
"ὄρσεο δὴ νῦν, ξεῖνε, πόλινδ᾽ ἴμεν, ὄφρα σε πέμψω
πατρὸς ἐμοῦ πρὸς δῶμα δαΐφρονος, ἔνθα σέ φημι, 256
πάντων Φαιήκων εἰδησέμεν ὅσσοι ἄριστοι.
ἀλλὰ μάλ᾽ ὧδ᾽ ἔρδειν—δοκέεις δέ μοι οὐκ ἀπινύσ-
        σειν—
ὄφρ᾽ ἂν μέν κ᾽ ἀγροὺς ἴομεν καὶ ἔργ᾽ ἀνθρώπων,
τόφρα σὺν ἀμφιπόλοισι μεθ᾽ ἡμιόνους καὶ ἄμαξαν
καρπαλίμως ἔρχεσθαι· ἐγὼ δ᾽ ὁδὸν ἡγεμονεύσω. 261
αὐτὰρ ἐπὴν πόλιος ἐπιβήομεν—ἣν πέρι πύργος
ὑψηλός, καλὸς δὲ λιμὴν ἑκάτερθε πόληος,
λεπτὴ δ᾽ εἰσίθμη· νῆες δ᾽ ὁδὸν ἀμφιέλισσαι
εἰρύαται· πᾶσιν γὰρ ἐπίστιόν ἐστιν ἑκάστῳ. 265
ἔνθα δέ τέ σφ᾽ ἀγορὴ καλὸν Ποσιδήιον ἀμφίς,
ῥυτοῖσιν λάεσσι κατωρυχέεσσ᾽ ἀραρυῖα.
ἔνθα δὲ νηῶν ὅπλα μελαινάων ἀλέγουσιν,
πείσματα καὶ σπεῖρα, καὶ ἀποξύουσιν ἐρετμά.
οὐ γὰρ Φαιήκεσσι μέλει βιὸς οὐδὲ φαρέτρη, 270
ἀλλ᾽ ἱστοὶ καὶ ἐρετμὰ νεῶν καὶ νῆες ἐῖσαι,
ᾗσιν ἀγαλλόμενοι πολιὴν περάουσι θάλασσαν.
τῶν ἀλεείνω φῆμιν ἀδευκέα, μή τις ὀπίσσω
μωμεύῃ· μάλα δ᾽ εἰσὶν ὑπερφίαλοι κατὰ δῆμον·
καί νύ τις ὧδ᾽ εἴπῃσι κακώτερος ἀντιβολήσας· 275
'τίς δ᾽ ὅδε Ναυσικάᾳ ἔπεται καλός τε μέγας τε

253 ἂν] ἀνά
255 πόλινδε] εἰς πόλιν
        ἴμεν] ἰέναι
257 εἰδησέμεν] εἴσεσθαι
        ὅσοι
259 ἴωμεν

262 ἐπειδάν
        πόλιος] πόλεως
        ἐπιβῶμεν
263 πόληος] πόλεως
268 νεῶν
        μελαινῶν

270 Φαίηξι
271 ἴσαι
272 ᾗσιν] αἶς
        περῶσι
273 ὀπίσω
275 εἴπῃ

Odysseus bound to the mast of his ship during his encounter with the
Sirens from a mid-fifth century Athenian water jug (*hydria*) in the red-
figure style; British Museum, London.

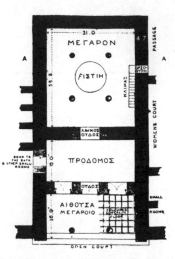

Plan of palace

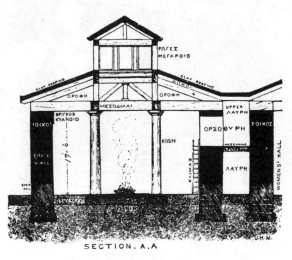

Great Hall of palace

ξεῖνος; ποῦ δέ μιν εὗρε; πόσις νύ οἱ ἔσσεται αὐτῇ.
ἦ τινά που πλαγχθέντα κομίσσατο ἧς ἀπὸ νηὸς
ἀνδρῶν τηλεδαπῶν, ἐπεὶ οὔ τινες ἐγγύθεν εἰσίν·
ἦ τίς οἱ εὐξαμένῃ πολυάρητος θεὸς ἦλθεν   280
οὐρανόθεν καταβάς, ἕξει δέ μιν ἤματα πάντα.
βέλτερον, εἰ καὐτή περ ἐποιχομένη πόσιν εὗρει
ἄλλοθεν· ἦ γὰρ τούσδε γ᾽ ἀτιμάζει κατὰ δῆμον
Φαίηκας, τοί μιν μνῶνται πολέες τε καὶ ἐσθλοί.᾿
ὣς ἐρέουσιν, ἐμοὶ δέ κ᾽ ὀνείδεα ταῦτα γένοιτο.   285
καὶ δ᾽ ἄλλῃ νεμεσῶ, ἥ τις τοιαῦτά γε ῥέζοι,
ἥ τ᾽ ἀέκητι φίλων πατρὸς καὶ μητρὸς ἐόντων
ἀνδράσι μίσγηται πρίν γ᾽ ἀμφάδιον γάμον ἐλθεῖν.—
ξεῖνε, σὺ δ᾽ ὧδ᾽ ἐμέθεν ξυνίει ἔπος, ὄφρα τάχιστα
πομπῆς καὶ νόστοιο τύχῃς παρὰ πατρὸς ἐμοῖο.   290
δήεις ἀγλαὸν ἄλσος Ἀθήνης ἄγχι κελεύθου
αἰγείρων· ἐν δὲ κρήνη νάει, ἀμφὶ δὲ λειμών·
ἔνθα δὲ πατρὸς ἐμοῦ τέμενος τεθαλυῖά τ᾽ ἀλωή,
τόσσον ἀπὸ πτόλιος, ὅσσον τε γέγωνε βοήσας·
ἔνθα καθεζόμενος μεῖναι χρόνον, εἰς ὅ κεν ἡμεῖς   295
ἄστυδε ἔλθωμεν καὶ ἱκώμεθα δώματα πατρός.

**How Odysseus is to enter the hall of Alcinous, and
to supplicate the queen.**

αὐτὰρ ἐπὴν ἡμέας ἔλπῃ ποτὶ δώματ᾽ ἀφῖχθαι,
καὶ τότε Φαιήκων ἴμεν ἐς πόλιν ἠδ᾽ ἐρέεσθαι
δώματα πατρὸς ἐμοῦ μεγαλήτορος Ἀλκινόοιο.
ῥεῖα δ᾽ ἀρίγνωτ᾽ ἐστί, καὶ ἂν πάις ἡγήσαιτο   300

277 ἔσται	287 ὄντων	297 ἡμᾶς
278 ἐκομίσατο	289 ἀπ᾽ ἐμοῦ	ποτὶ] πρός
νηός] νεώς	294 τόσσον...ὄσσον	298 ἐρεσθαι
281 ἀπ᾽ οὐρανοῦ	πτόλιος] πόλεως	300 πάις] παῖς
284 πολέες] πολλοί	296 εἰς ἄστυ	

νήπιος· οὐ μὲν γάρ τι ἐοικότα τοῖσι τέτυκται
δώματα Φαιήκων, οἷος δόμος Ἀλκινόοιο
ἥρωος. ἀλλ' ὁπότ' ἄν σε δόμοι κεκύθωσι καὶ αὐλή,
ὦκα μάλα μεγάροιο διελθέμεν, ὄφρ' ἂν ἵκηαι
μητέρ' ἐμήν· ἡ δ' ἧσται ἐπ' ἐσχάρῃ ἐν πυρὸς αὐγῇ,
ἠλάκατα στρωφῶσ' ἁλιπόρφυρα, θαῦμα ἰδέσθαι,   306
κίονι κεκλιμένη· δμωαὶ δέ οἱ ἥατ' ὄπισθεν.
ἔνθα δὲ πατρὸς ἐμοῖο θρόνος ποτικέκλιται αὐτῇ,
τῷ ὅ γε οἰνοποτάζει ἐφήμενος ἀθάνατος ὥς.
τὸν παραμειψάμενος μητρὸς περὶ γούνασι χεῖρας   310
βάλλειν ἡμετέρης, ἵνα νόστιμον ἦμαρ ἴδηαι
χαίρων καρπαλίμως, εἰ καὶ μάλα τηλόθεν ἐσσί.
[εἰ κέν τοι κείνη γε φίλα φρονέῃσ' ἐνὶ θυμῷ,
ἐλπωρή τοι ἔπειτα φίλους τ' ἰδέειν καὶ ἱκέσθαι
οἶκον ἐυκτίμενον καὶ σὴν ἐς πατρίδα γαῖαν.]"   315

The prayer of Odysseus to Athene.

ὣς ἄρα φωνήσασ' ἵμασεν μάστιγι φαεινῇ
ἡμιόνους· αἱ δ' ὦκα λίπον ποταμοῖο ῥέεθρα.
αἱ δ' εὖ μὲν τρώχων, εὖ δὲ πλίσσοντο πόδεσσιν·
ἡ δὲ μάλ' ἡνιόχευεν, ὅπως ἅμ' ἐποίατο πεζοὶ
ἀμφίπολοί τ' Ὀδυσεύς τε· νόῳ δ' ἐπέβαλλεν ἱμά-
σθλην.   320
δύσετό τ' ἠέλιος, καὶ τοὶ κλυτὸν ἄλσος ἵκοντο
ἱρὸν Ἀθηναίης, ἵν' ἄρ' ἕζετο δῖος Ὀδυσσεύς.

304 διελθεῖν	308 προσκέκλιται	313 φρονῇ	319 ἔποιντο
(ἀφ)ίκῃ	310 γόνασι	314 ἰδεῖν	320 νῷ
306 ἰδεῖν	311 ἴδῃς	317 ῥεῖθρα	321 ἔδυ θ' ἥλιος
307 ἥατ'] ἦντο	312 ἐσσί] εἰς	318 ποσίν	

αὐτίκ᾽ ἔπειτ᾽ ἠρᾶτο Διὸς κούρη μεγάλοιο·
" κλῦθί μευ, αἰγιόχοιο Διὸς τέκος, ἀτρυτώνη·
νῦν δή πέρ μευ ἄκουσον, ἐπεὶ πάρος οὔ ποτ᾽ ἄκουσας
ῥαιομένου, ὅτε μ᾽ ἔρραιε κλυτὸς ἐννοσίγαιος.   326
δός μ᾽ ἐς Φαίηκας φίλον ἐλθέμεν ἠδ᾽ ἐλεεινόν."
ὣς ἔφατ᾽ εὐχόμενος· τοῦ δ᾽ ἔκλυε Παλλὰς Ἀθήνη.
αὐτῷ δ᾽ οὔ πω φαίνετ᾽ ἐναντίη· αἴδετο γάρ ῥα
πατροκασίγνητον· ὁ δ᾽ ἐπιζαφελῶς μενέαινεν   330
ἀντιθέῳ Ὀδυσῆι πάρος ἦν γαῖαν ἱκέσθαι.

324 μευ] μου   329 ἐφαίνετο
325 ἤκουσας   ἠδεῖτο
327 ἐλθεῖν

THE SEVENTH BOOK OF THE ODYSSEY

Nausicaa returns to the palace.

Ὡς ὁ μὲν ἔνθ’ ἠρᾶτο πολύτλας δῖος Ὀδυσσεύς,
κούρην δὲ προτὶ ἄστυ φέρεν μένος ἡμιόνοιιν.
ἡ δ’ ὅτε δὴ οὗ πατρὸς ἀγακλυτὰ δώμαθ’ ἵκανεν,
στῆσεν ἄρ’ ἐν προθύροισι· κασίγνητοι δέ μιν ἀμφὶς
ἵσταντ’ ἀθανάτοις ἐναλίγκιοι, οἵ ῥ’ ὑπ’ ἀπήνης   5
ἡμιόνους ἔλυον ἐσθῆτά τε ἔσφερον εἴσω.
αὐτὴ δ’ ἐς θάλαμον ἐὸν ἤιε· δαῖε δέ οἱ πῦρ
γρηῢς Ἀπειραίη θαλαμηπόλος Εὐρυμέδουσα,
τήν ποτ’ Ἀπείρηθεν νέες ἤγαγον ἀμφιέλισσαι·
Ἀλκινόῳ δ’ αὐτὴν γέρας ἔξελον, οὕνεκα πᾶσιν   10
Φαιήκεσσιν ἄνασσε, θεοῦ δ’ ὣς δῆμος ἄκουεν·
ἡ τρέφε Ναυσικάαν λευκώλενον ἐν μεγάροισιν·
ἥ οἱ πῦρ ἀνέκαιε καὶ εἴσω δόρπον ἐκόσμɜι.

Athene disguised meets Odysseus. She conceals him under a mist and leads him to the city.

καὶ τότ’ Ὀδυσσεὺς ὦρτο πόλινδ’ ἴμεν· ἀμφὶ δ’ Ἀθήνη
πολλὴν ἠέρα χεῦε φίλα φρονέουσ’ Ὀδυσῆι,   15

2 κόρην	7 ἤιε] ἤει	11 ἤνασσε
προτί] πρός	8 γραῦς	15 ἀέρα
7 ἐόν] ὅν	9 νῆες	χεῦε] ἔχεε

μή τις Φαιήκων μεγαθύμων ἀντιβολήσας
κερτομέοι τ' ἐπέεσσι καὶ ἐξερέοιθ', ὅτις εἴη.
ἀλλ' ὅτε δὴ ἄρ' ἔμελλε πόλιν δύσεσθαι ἐραννήν,
ἔνθα οἱ ἀντεβόλησε θεὰ γλαυκῶπις Ἀθήνη
παρθενικῇ ἐικυῖα νεήνιδι, κάλπιν ἐχούσῃ.   20
στῆ δὲ πρόσθ' αὐτοῦ· ὁ δ' ἀνείρετο δῖος Ὀδυσσεύς·
" ὦ τέκος, οὐκ ἄν μοι δόμον ἀνέρος ἡγήσαιο
Ἀλκινόου, ὃς τοῖσδε μετ' ἀνθρώποισιν ἀνάσσει;
καὶ γὰρ ἐγὼ ξεῖνος ταλαπείριος ἐνθάδ' ἱκάνω
τηλόθεν ἐξ ἀπίης γαίης· τῷ οὔ τινα οἶδα   25
ἀνθρώπων, οἳ τήνδε πόλιν καὶ γαῖαν ἔχουσιν."
τὸν δ' αὖτε προσέειπε θεὰ γλαυκῶπις Ἀθήνη·
" τοιγὰρ ἐγώ τοι, ξεῖνε πάτερ, δόμον ὅν με κελεύεις
δείξω, ἐπεί μοι πατρὸς ἀμύμονος ἐγγύθι ναίει.
ἀλλ' ἴθι σιγῇ τοῖον—ἐγὼ δ' ὁδὸν ἡγεμονεύσω—   30
μηδέ τιν' ἀνθρώπων προτιόσσεο μηδ' ἐρέεινε.
οὐ γὰρ ξείνους οἵ γε μάλ' ἀνθρώπους ἀνέχονται
οὐδ' ἀγαπαζόμενοι φιλέουσ', ὅς κ' ἄλλοθεν ἔλθῃ·
νηυσὶ θοῇσιν τοί γε πεποιθότες ὠκείῃσιν
λαῖτμα μέγ' ἐκπεράουσιν, ἐπεί σφισι δῶκ' ἐνοσίχθων·
τῶν νέες ὠκεῖαι ὡς εἰ πτερὸν ἠὲ νόημα."   36
ὣς ἄρα φωνήσασ' ἡγήσατο Παλλὰς Ἀθήνη
καρπαλίμως· ὁ δ' ἔπειτα μετ' ἴχνια βαῖνε θεοῖο.
τὸν δ' ἄρα Φαίηκες ναυσικλυτοὶ οὐκ ἐνόησαν
ἐρχόμενον κατὰ ἄστυ διὰ σφέας· οὐ γὰρ Ἀθήνη   40
εἴα ἐυπλόκαμος, δεινὴ θεός, ἥ ῥά οἱ ἀχλὺν

17 ἔπεσι	24 ξένος	29 ἐγγύς	35 ἐκπερῶσιν
ἐξέροιτο	(ἀφ)ικνοῦμαι	31 ἔρου	36 ἠέ] ἤ
ὅτις] ὅστις	25 γαίης] γῆς	33 ἀγαπῶντες	40 σφᾶς
22 ἀνδρός	27 προσεῖπε	34 ναυσὶ θοαῖς	

θεσπεσίην κατέχευε φίλα φρονέουσ' ἐνὶ θυμῷ.
θαύμαζεν δ' Ὀδυσεὺς λιμένας καὶ νῆας ἐίσας
αὐτῶν θ' ἡρώων ἀγορὰς καὶ τείχεα μακρὰ
ὑψηλά, σκολόπεσσιν ἀρηρότα, θαῦμα ἰδέσθαι.   45

Athene tells Odysseus about the lineage of Alcinous and about queen Arete.

ἀλλ' ὅτε δὴ βασιλῆος ἀγακλυτὰ δώμαθ' ἵκοντο,
τοῖσι δὲ μύθων ἦρχε θεὰ γλαυκῶπις Ἀθήνη·
"οὗτος δή τοι, ξεῖνε πάτερ, δόμος, ὅν με κελεύεις
πεφραδέμεν· δήεις δὲ διοτρεφέας βασιλῆας
δαίτην δαινυμένους. σὺ δ' ἔσω κίε μηδέ τι θυμῷ   50
τάρβει· θαρσαλέος γὰρ ἀνὴρ ἐν πᾶσιν ἀμείνων
ἔργοισιν τελέθει, εἰ καί ποθεν ἄλλοθεν ἔλθοι.
δέσποιναν μὲν πρῶτα κιχήσεαι ἐν μεγάροισιν·
Ἀρήτη δ' ὄνομ' ἐστὶν ἐπώνυμον, ἐκ δὲ τοκήων
τῶν αὐτῶν, οἵ περ τέκον Ἀλκίνοον βασιλῆα.   55
Ναυσίθοον μὲν πρῶτα Ποσειδάων ἐνοσίχθων
γείνατο καὶ Περίβοια, γυναικῶν εἶδος ἀρίστη,
ὁπλοτάτη θυγάτηρ μεγαλήτορος Εὐρυμέδοντος,
ὅς ποθ' ὑπερθύμοισι Γιγάντεσσιν βασίλευεν.
ἀλλ' ὁ μὲν ὤλεσε λαὸν ἀτάσθαλον, ὤλετο δ' αὐτός·
τῇ δὲ Ποσειδάων ἐμίγη καὶ ἐγείνατο παῖδα   61
Ναυσίθοον μεγάθυμον, ὃς ἐν Φαίηξιν ἄνασσεν.
Ναυσίθοος δ' ἔτεκεν Ῥηξήνορά τ' Ἀλκίνοόν τε.
τὸν μὲν ἄκουρον ἐόντα βάλ' ἀργυρότοξος Ἀπόλλων
νυμφίον, ἐν μεγάρῳ μίαν οἴην παῖδα λιπόντα   65

42 κατέχεε	49 φράσαι	54 τοκέων
45 ἰδεῖν	βασιλεῖς	56 Ποσειδῶν
46 βασιλέως	53 κιχήσει	59 Γίγασιν

'Αρήτην· τὴν δ' 'Αλκίνοος ποιήσατ' ἄκοιτιν,
καί μιν ἔτισ', ὡς οὔ τις ἐπὶ χθονὶ τίεται ἄλλη,
ὅσσαι νῦν γε γυναῖκες ὑπ' ἀνδράσιν οἶκον ἔχουσιν.
ὡς κείνη πέρι κῆρι τετίμηταί τε καὶ ἔστιν
ἔκ τε φίλων παίδων ἔκ τ' αὐτοῦ 'Αλκινόοιο   70
καὶ λαῶν, οἵ μίν ῥα θεὸν ὣς εἰσοράοντες
δειδέχαται μύθοισιν, ὅτε στείχησ' ἀνὰ ἄστυ.
οὐ μὲν γάρ τι νόου γε καὶ αὐτὴ δεύεται ἐσθλοῦ,
ἧσί τ' ἐπιφροσύνῃσι καὶ ἀνδράσι νείκεα λύει.
εἴ κέν τοι κείνη γε φίλα φρονέῃσ' ἐνὶ θυμῷ,   75
ἐλπωρή τοι ἔπειτα φίλους τ' ἰδέειν καὶ ἱκέσθαι
οἶκον ἐς ὑψόροφον καὶ σὴν ἐς πατρίδα γαῖαν."

Athene leaves Odysseus.

ὣς ἄρα φωνήσασ' ἀπέβη γλαυκῶπις 'Αθήνη
πόντον ἔπ' ἀτρύγετον, λίπε δὲ Σχερίην ἐρατεινήν·
ἵκετο δ' ἐς Μαραθῶνα καὶ εὐρυάγυιαν 'Αθήνην,   80
δῦνε δ' 'Ερεχθῆος πυκινὸν δόμον.   αὐτὰρ 'Οδυσσεὺς
'Αλκινόου πρὸς δώματ' ἴε κλυτά· πολλὰ δέ οἱ κῆρ
ὥρμαιν' ἱσταμένῳ πρὶν χάλκεον οὐδὸν ἱκέσθαι.

The magnificence of the palace.

ὥς τε γὰρ ἠελίου αἴγλη πέλεν ἠὲ σελήνης
δῶμα κάθ' ὑψερεφὲς μεγαλήτορος 'Αλκινόοιο.   85
χάλκεοι μὲν γὰρ τοῖχοι ἐρηρέδατ' ἔνθα καὶ ἔνθα,
ἐς μυχὸν ἐξ οὐδοῦ, περὶ δὲ θριγκὸς κυάνοιο·
χρύσειαι δὲ θύραι πυκινὸν δόμον ἐντὸς ἔεργον·

67 ἐτίμησε	73 μέν] μήν	74 αἷς ἐπιφροσύναις	82 ἴε] ᾔει
71 λεῶν	νοῦ	75 φρονῇ	88 χρυσαῖ
72 στείχῃ	δεῖται	81 πυκνόν	εἰργον

σταθμοὶ δ' ἀργύρεοι ἐν χαλκέῳ ἕστασαν οὐδῷ,
ἀργύρεον δ' ἔφ' ὑπερθύριον, χρυσῆ δὲ κορώνη.   90
χρύσειοι δ' ἑκάτερθε καὶ ἀργύρεοι κύνες ἦσαν.
οὓς Ἥφαιστος ἔτευξεν ἰδυίῃσι πραπίδεσσιν
δῶμα φυλασσέμεναι μεγαλήτορος Ἀλκινόοιο
ἀθανάτους ὄντας καὶ ἀγήρως ἤματα πάντα.
ἐν δὲ θρόνοι περὶ τοῖχον ἐρηρέδατ' ἔνθα καὶ ἔνθα,   95
ἐς μυχὸν ἐξ οὐδοῖο διαμπερές, ἔνθ' ἐνὶ πέπλοι
λεπτοὶ ἐύννητοι βεβλήατο, ἔργα γυναικῶν.
ἔνθα δὲ Φαιήκων ἡγήτορες ἑδριάοντο
πίνοντες καὶ ἔδοντες· ἐπηετανὸν γὰρ ἔχεσκον.
χρύσειοι δ' ἄρα κοῦροι ἐυδμήτων ἐπὶ βωμῶν   100
ἕστασαν αἰθομένας δαΐδας μετὰ χερσὶν ἔχοντες,
φαίνοντες νύκτας κατὰ δώματα δαιτυμόνεσσιν.

The serving-women.

πεντήκοντα δέ οἱ δμῳαὶ κατὰ δῶμα γυναῖκες
αἱ μὲν ἀλετρεύουσι μύλῃς ἔπι μήλοπα καρπόν,
αἱ δ' ἱστοὺς ὑφάουσι καὶ ἠλάκατα στρωφῶσιν   105
ἥμεναι, οἷά τε φύλλα μακεδνῆς αἰγείροιο·
καιρουσσέων δ' ὀθονέων ἀπολείβεται ὑγρὸν ἔλαιον.
ὅσσον Φαίηκες περὶ πάντων ἴδριες ἀνδρῶν
νῆα θοὴν ἐνὶ πόντῳ ἐλαυνέμεν, ὣς δὲ γυναῖκες
ἱστῶν τεχνῆσσαι· πέρι γάρ σφισι δῶκεν Ἀθήνη   110
ἔργα τ' ἐπίστασθαι περικαλλέα καὶ φρένας ἐσθλάς.

| 93 φυλάσσειν | 100 χρυσοῖ | 105 ὑφαίνουσι | 109 ναῦν |
| 97 βέβληντο | 104 μύλαις | 106 (καθ)ήμεναι | ἐλαύνειν |

The orchard.

ἔκτοσθεν δ' αὐλῆς μέγας ὄρχατος ἄγχι θυράων
τετράγυος· περὶ δ' ἕρκος ἐλήλαται ἀμφοτέρωθεν.
ἔνθα δὲ δένδρεα μακρὰ πεφύκασι τηλεθάοντα,
ὄγχναι καὶ ῥοιαὶ καὶ μηλέαι ἀγλαόκαρποι   115
συκαῖ τε γλυκεραὶ καὶ ἐλαῖαι τηλεθύουσαι.
τάων οὔ ποτε καρπὸς ἀπόλλυται οὐδ' ἀπολείπει
χείματος οὐδὲ θέρευς, ἐπετήσιος· ἀλλὰ μάλ' αἰει
ζεφυρίη πνείουσα τὰ μὲν φύει, ἄλλα δὲ ᵒπέσσει.
ὄγχνη ἐπ' ὄγχνῃ γηράσκει, μῆλον δ' ἐπὶ μήλῳ,   120
αὐτὰρ ἐπὶ σταφυλῇ σταφυλή, σῦκον δ' ἐπὶ σύκῳ.

The vineyard, the gardens, and the water-springs.

ἔνθα δέ οἱ πολύκαρπος ἀλωὴ ἐρρίζωται,
τῆς ἕτερον μέν θ' εἱλόπεδον λευρῷ ἐνὶ χώρῳ
τέρσεται ἠελίῳ, ἑτέρας δ' ἄρα τε τρυγάουσιν,
ἄλλας δὲ τραπέουσι· πάροιθε δέ τ' ὀμφακές εἰσιν
ἄνθος ἀφιεῖσαι, ἕτεραι δ' ὑποπερκάζουσιν.   126
ἔνθα δὲ κοσμηταὶ πρασιαὶ παρὰ νείατον ὄρχον
παντοῖαι πεφύασιν, ἐπηετανὸν γανάουσαι.
ἐν δὲ δύω κρῆναι· ἡ μέν τ' ἀνὰ κῆπον ἅπαντα
σκίδναται, ἡ δ' ἑτέρωθεν ὑπ' αὐλῆς οὐδὸν ἵησιν 130
πρὸς δόμον ὑψηλόν, ὅθεν ὑδρεύοντο πολῖται.
τοῖ' ἄρ' ἐν Ἀλκινόοιο θεῶν ἔσαν ἀγλαὰ δῶρα.

114 δένδρα	118 θέρους	124 τρυγῶσιν	132 ἦσαν
117 τάων] τούτων	119 πνέουσα	128 πεφύκασιν	

Odysseus enters the hall of the palace. His supplication to Arete.

ἔνθα στὰς θηεῖτο πολύτλας δῖος Ὀδυσσεύς.
αὐτὰρ ἐπεὶ δὴ πάντα ἑῷ θηήσατο θυμῷ,
καρπαλίμως ὑπὲρ οὐδὸν ἐβήσετο δώματος εἴσω. 135
εὗρε δὲ Φαιήκων ἡγήτορας ἠδὲ μέδοντας
σπένδοντας δεπάεσσιν ἐυσκόπῳ ἀργεϊφόντῃ,
ᾧ πυμάτῳ σπένδεσκον, ὅτε μνησαίατο κοίτου.
αὐτὰρ ὁ βῆ διὰ δῶμα πολύτλας δῖος Ὀδυσσεὺς
πολλὴν ἠέρ' ἔχων, ἥν οἱ περίχευεν Ἀθήνη, 140
ὄφρ' ἵκετ' Ἀρήτην τε καὶ Ἀλκίνοον βασιλῆα.
ἀμφὶ δ' ἄρ' Ἀρήτης βάλε γούνασι χεῖρας Ὀδυσσεύς·
καὶ τότε δή ῥ' αὐτοῖο πάλιν χύτο θέσφατος ἀήρ.
οἱ δ' ἄνεῳ ἐγένοντο δόμον κάτα φῶτα ἰδόντες,
θαύμαζον δ' ὁράοντες· ὁ δ' ἐλλιτάνευεν Ὀδυσσεύς·
"Ἀρήτη, θύγατερ Ῥηξήνορος ἀντιθέοιο, 146
σόν τε πόσιν σά τε γούναθ' ἱκάνω πολλὰ μογήσας,
τούσδε τε δαιτυμόνας, τοῖσιν θεοὶ ὄλβια δοῖεν
ζωέμεναι, καὶ παισὶν ἐπιτρέψειεν ἕκαστος
κτήματ' ἐνὶ μεγάροισι γέρας θ', ὅ τι δῆμος ἔδωκεν.
αὐτὰρ ἐμοὶ πομπὴν ὀτρύνετε πατρίδ' ἱκέσθαι 151
θᾶσσον, ἐπεὶ δὴ δηθὰ φίλων ἄπο πήματα πάσχω."

The counsel of Echeneus.

ὡς εἰπὼν κατ' ἄρ' ἕζετ' ἐπ' ἐσχάρῃ ἐν κονίῃσιν
πὰρ πυρί· οἱ δ' ἄρα πάντες ἀκὴν ἐγένοντο σιωπῇ.

133 ἐθεᾶτο	138 μνήσαιντο	143 ῥα] ἄρα	149 ζωέμεναι] ζῆν
134 ἑῷ] ᾧ	140 ἠέρ'] ἀέρα	ἐχύθη	153 ἄρα καθέζετο
ἐθεάσατο	περιέχεεν	145 ὁρῶντες	κονίαις
135 ἔβη	141 βασιλέα	ἐλίσσετο	154 παρὰ πυρί
137 ἐυσκόπῳ	142 γόνασι	148 τοῖσιν] οἷς	

ὀψὲ δὲ δὴ μετέειπε γέρων ἥρως Ἐχένηος, 155
ὃς δὴ Φαιήκων ἀνδρῶν προγενέστερος ἦεν
καὶ μύθοισι κέκαστο, παλαιά τε πολλά τε εἰδώς·
ὃ σφιν ἐὺ φρονέων ἀγορήσατο καὶ μετέειπεν·
" Ἀλκίνο, οὐ μέν τοι τόδε κάλλιον οὐδὲ ἔοικεν,
ξεῖνον μὲν χαμαὶ ἧσθαι ἐπ' ἐσχάρῃ ἐν κονίῃσιν· 160
οἵδε δὲ σὸν μῦθον ποτιδέγμενοι ἰσχανάονται.
ἀλλ' ἄγε δὴ ξεῖνον μὲν ἐπὶ θρόνου ἀργυροήλου
εἷσον ἀναστήσας, σὺ δὲ κηρύκεσσι κέλευσον
οἶνον ἐπικρῆσαι, ἵνα καὶ Διὶ τερπικεραύνῳ
σπείσομεν, ὅς θ' ἱκέτῃσιν ἅμ' αἰδοίοισιν ὀπηδεῖ. 165
δόρπον δὲ ξείνῳ ταμίη δότω ἔνδον ἐόντων."

Odysseus is kindly entertained.

αὐτὰρ ἐπεὶ τό γ' ἄκουσ' ἱερὸν μένος Ἀλκινόοιο,
χειρὸς ἑλὼν Ὀδυσῆα δαΐφρονα ποικιλομήτην
ὦρσεν ἀπ' ἐσχαρόφιν καὶ ἐπὶ θρόνου εἷσε φαεινοῦ,
υἱὸν ἀναστήσας ἀγαπήνορα Λαοδάμαντα, 170
ὅς οἱ πλησίον ἷζε, μάλιστα δέ μιν φιλέεσκεν.
χέρνιβα δ' ἀμφίπολος προχόῳ ἐπέχευε φέρουσα
καλῇ χρυσείῃ ὑπὲρ ἀργυρέοιο λέβητος,
νίψασθαι· πάρα δὲ ξεστὴν ἐτάνυσσε τράπεζαν.
σῖτον δ' αἰδοίη ταμίη παρέθηκε φέρουσα, 175
εἴδατα πόλλ' ἐπιθεῖσα, χαριζομένη παρεόντων.
αὐτὰρ ὁ πῖνε καὶ ἦσθε πολύτλας δῖος Ὀδυσσεύς.

155 μετέιπε	165 σπείσωμεν	171 (κάθ)ιζε
158 εὖ φρονῶν	ἱκέταις	173 χρυσῆ
159 μέν] μήν	167 ἤκουσε	174 ἔτεινε
161 προσδεξάμενοι	169 ἀπ' ἐσχάρας	176 παρόντων
163 κήρυξι		

The libation.

καὶ τότε κήρυκα προσέφη μένος Ἀλκινόοιο·
" Ποντόνοε, κρητῆρα κερασσάμενος μέθυ νεῖμον
πᾶσιν ἀνὰ μέγαρον, ἵνα καὶ Διὶ τερπικεραύνῳ   180
σπείσομεν, ὅς θ᾽ ἱκέτῃσιν ἅμ᾽ αἰδοίοισιν ὀπηδεῖ."
ὣς φάτο· Ποντόνοος δὲ μελίφρονα οἶνον ἐκίρνα,
νώμησεν δ᾽ ἄρα πᾶσιν ἐπαρξάμενος δεπάεσσιν.

The advice of Alcinous.   The power of Fate.

αὐτὰρ ἐπεὶ σπεῖσάν τ᾽ ἔπιόν θ᾽ ὅσον ἤθελε θυμός,
τοῖσιν δ᾽ Ἀλκίνοος ἀγορήσατο καὶ μετέειπεν·   185
" κέκλυτε Φαιήκων ἡγήτορες ἠδὲ μέδοντες,
ὄφρ᾽ εἴπω, τά με θυμὸς ἐνὶ στήθεσσι κελεύει.
νῦν μὲν δαισάμενοι κατακείετε οἴκαδ᾽ ἰόντες·
ἠῶθεν δὲ γέροντας ἐπὶ πλέονας καλέσαντες
ξεῖνον ἐνὶ μεγάροις ξεινίσσομεν ἠδὲ θεοῖσιν   190
ῥέξομεν ἱερὰ καλά, ἔπειτα δὲ καὶ περὶ πομπῆς
μνησόμεθ᾽, ὥς χ᾽ ὁ ξεῖνος ἄνευθε πόνου καὶ ἀνίης
πομπῇ ὑφ᾽ ἡμετέρῃ ἣν πατρίδα γαῖαν ἵκηται
χαίρων καρπαλίμως, εἰ καὶ μάλα τηλόθεν ἐστίν·
μηδέ τι μεσσηγύς γε κακὸν καὶ πῆμα πάθῃσιν   195
πρίν γε τὸν ἧς γαίης ἐπιβήμεναι· ἔνθα δ᾽ ἔπειτα
πείσεται, ἅσσα οἱ αἶσα κατὰ κλῶθές τε βαρεῖαι
γιγνομένῳ νήσαντο λίνῳ, ὅτε μιν τέκε μήτηρ.
εἰ δέ τις ἀθανάτων γε κατ᾽ οὐρανοῦ εἰλήλουθεν,
ἄλλο τι δὴ τόδ᾽ ἔπειτα θεοὶ περιμηχανάονται.   200

179 κρατῆρα	190 ξενίσωμεν	195 πάθῃ
κερασάμενος	191 ῥέξωμεν	196 ἐπιβῆναι
187 στήθεσι	192 μνησώμεθα	199 ἐλήλυθεν
188 κατακείσεσθε		

Pouring a libation from a mid-fifth century Athenian wine jar (*stamnos*) in the red-figure style; Antikensammlungen, Munich.

Shipwreck, perhaps of Odysseus, from the neck of a late eighth century
Athenian wine-jug (*oenochoe*) in the Geometric style; Antikensam-
mlungen, Munich. [It should be noted that while all other illustrations in
this volume are of fifth century vases, this of the eighth century is the only
one roughly contemporary with Homer's poems.]

αἰεὶ γὰρ τὸ πάρος γε θεοὶ φαίνονται ἐναργεῖς
ἡμῖν, εὖτ' ἔρδωμεν ἀγακλειτὰς ἑκατόμβας,
δαίνυνταί γε παρ' ἄμμι καθήμενοι ἔνθα περ ἡμεῖς·
εἰ δ' ἄρα τις καὶ μοῦνος ἰὼν ξύμβληται ὁδίτης,
οὔ τι κατακρύπτουσιν, ἐπεί σφισιν ἐγγύθεν εἰμὲν 205
ὥς περ Κύκλωπές τε καὶ ἄγρια φῦλα Γιγάντων."

The reply of Odysseus.

τὸν δ' ἀπαμειβόμενος προσέφη πολύμητις Ὀδυσσεύς·
"'Αλκίνο', ἄλλο τί τοι μελέτω φρεσίν· οὐ γὰρ ἐγώ γε
ἀθανάτοισιν ἔοικα, τοὶ οὐρανὸν εὐρὺν ἔχουσιν,
οὐ δέμας οὐδὲ φυήν, ἀλλὰ θνητοῖσι βροτοῖσιν, 210
οὕς τινας ὑμεῖς ἴστε μάλιστ' ὀχέοντας ὀιζὺν
ἀνθρώπων, τοῖσίν κεν ἐν ἄλγεσιν ἰσωσαίμην·
καὶ δ' ἔτι κεν καὶ πλείον' ἐγὼ κακὰ μυθησαίμην,
ὅσσα γε δὴ ξύμπαντα θεῶν ἰότητι μόγησα.
ἀλλ' ἐμὲ μὲν δορπῆσαι ἐάσατε κηδόμενόν περ· 215
οὐ γάρ τι στυγερῇ ἐπὶ γαστέρι κύντερον ἄλλο
ἔπλετο, ἥ τ' ἐκέλευσεν ἕο μνήσασθαι ἀνάγκῃ
καὶ μάλα τειρόμενον καὶ ἐνὶ φρεσὶ πένθος ἔχοντα·
ὣς καὶ ἐγὼ πένθος μὲν ἔχω φρεσίν, ἡ δὲ μάλ' αἰεὶ
ἐσθέμεναι κέλεται καὶ πινέμεν, ἐκ δέ με πάντων 220
ληθάνει, ὅσσ' ἔπαθον, καὶ ἐνιπλησθῆναι ἀνώγει.
ὑμεῖς δ' ὀτρύνεσθε ἅμ' ἠόι φαινομένηφιν,
ὥς κ' ἐμὲ τὸν δύστηνον ἐμῆς ἐπιβήσετε πάτρης
καί περ πολλὰ παθόντα· ἰδόντα με καὶ λίποι αἰὼν

203 ἄμμι] ἡμῖν   205 εἰμέν] ἔσμεν   222 φαινομένῃ
204 μόνος   217 ἕο] οὗ   223 ἐπιβήσητε
    ξυμβλήται   220 ἐσθίειν

κτῆσιν ἐμήν, δμῶάς τε καὶ ὑψερεφὲς μέγα δῶμα." 225
ὣς ἔφαθ'· οἱ δ' ἄρα πάντες ἐπήνεον ἠδ' ἐκέλευον
πεμπέμεναι τὸν ξεῖνον, ἐπεὶ κατὰ μοῖραν ἔειπεν.

The question of queen Arete.

αὐτὰρ ἐπεὶ σπεῖσάν τ' ἔπιόν θ' ὅσον ἤθελε θυμός,
οἱ μὲν κακκείοντες ἔβαν οἰκόνδε ἕκαστος·
αὐτὰρ ὁ ἐν μεγάρῳ ὑπελείπετο δῖος Ὀδυσσεύς, 230
πὰρ δέ οἱ Ἀρήτη τε καὶ Ἀλκίνοος θεοειδὴς
ἤσθην· ἀμφίπολοι δ' ἀπεκόσμεον ἔντεα δαιτός.
τοῖσιν δ' Ἀρήτη λευκώλενος ἤρχετο μύθων·
ἔγνω γὰρ φᾶρός τε χιτῶνά τε, εἵματ' ἰδοῦσα
καλά, τά ῥ' αὐτὴ τεῦξε σὺν ἀμφιπόλοισι γυναιξίν·
καί μιν φωνήσασ' ἔπεα πτερόεντα προσηύδα· 236
" ξεῖνε, τὸ μέν σε πρῶτον ἐγὼν εἰρήσομαι αὐτή·
τίς πόθεν εἰς ἀνδρῶν; τίς τοι τάδε εἵματ' ἔδωκεν;
οὐ δὴ φὴς ἐπὶ πόντον ἀλώμενος ἐνθάδ' ἱκέσθαι;"

Odysseus tells of his stay in Calypso's isle.

τὴν δ' ἀπαμειβόμενος προσέφη πολύμητις Ὀδυσ-
σεύς· 240
" ἀργαλέον, βασίλεια, διηνεκέως ἀγορεῦσαι,
κήδε' ἐπεί μοι πολλὰ δόσαν θεοὶ οὐρανίωνες·
τοῦτο δέ τοι ἐρέω, ὅ μ' ἀνείρεαι ἠδὲ μεταλλᾷς.
Ὠγυγίη τις νῆσος ἀπόπροθεν εἰν ἁλὶ κεῖται,
ἔνθα μὲν Ἄτλαντος θυγάτηρ δολόεσσα Καλυψὼ 245
ναίει ἐυπλόκαμος, δεινὴ θεός. οὐδέ τις αὐτῇ

226 ἐπήνουν	229 ἔβησαν	243 ἐρῶ
227 πέμπειν	235 ῥ'] ἄρα	ἀνέρει
229 κατακεισόμενοι	237 ἐγώ	244 ἐν ἁλί

μίσγεται οὔτε θεῶν οὔτε θνητῶν ἀνθρώπων.
ἀλλ' ἐμὲ τὸν δύστηνον ἐφέστιον ἤγαγε δαίμων
οἷον, ἐπεί μοι νῆα θοὴν ἀργῆτι κεραυνῷ
Ζεὺς ἐλάσας ἐκέασσε μέσῳ ἐνὶ οἴνοπι πόντῳ. 250
ἔνθ' ἄλλοι μὲν πάντες ἀπέφθιθεν ἐσθλοὶ ἑταῖροι,
αὐτὰρ ἐγὼ τρόπιν ἀγκὰς ἑλὼν νεὸς ἀμφιελίσσης
ἐννῆμαρ φερόμην· δεκάτῃ δέ με νυκτὶ μελαίνῃ
νῆσον ἐς Ὠγυγίην πέλασαν θεοί, ἔνθα Καλυψὼ
ναίει ἐϋπλόκαμος, δεινὴ θεός, ἥ με λαβοῦσα 255
ἐνδυκέως ἐφίλει τε καὶ ἔτρεφεν ἠδὲ ἔφασκεν
θήσειν ἀθάνατον καὶ ἀγήραον ἤματα πάντα·
ἀλλ' ἐμὸν οὔ ποτε θυμὸν ἐνὶ στήθεσσιν ἔπειθεν.
ἔνθα μὲν ἑπτάετες μένον ἔμπεδον, εἵματα δ' αἰεὶ 259
δάκρυσι δεύεσκον, τά μοι ἄμβροτα δῶκε Καλυψώ·
ἀλλ' ὅτε δὴ ὀγδόατόν μοι ἐπιπλόμενον ἔτος ἦλθεν,
καὶ τότε δή μ' ἐκέλευσεν ἐποτρύνουσα νέεσθαι
Ζηνὸς ὑπ' ἀγγελίης, ἢ καὶ νόος ἐτράπετ' αὐτῆς.

The raft of Odysseus and the enmity of Poseidon.

πέμπε δ' ἐπὶ σχεδίης πολυδέσμου, πολλὰ δ' ἔδωκεν,
σῖτον καὶ μέθυ ἡδύ, καὶ ἄμβροτα εἵματα ἕσσεν, 265
οὖρον δὲ προέηκεν ἀπήμονά τε λιαρόν τε.
ἑπτὰ δὲ καὶ δέκα μὲν πλέον ἤματα ποντοπορεύων·
ὀκτωκαιδεκάτῃ δ' ἐφάνη ὄρεα σκιόεντα
γαίης ὑμετέρης, γήθησε δέ μοι φίλον ἦτορ
δυσμόρῳ· ἦ γὰρ ἔμελλον ἔτι ξυνέσεσθαι ὀιζυῖ 270
πολλῇ, τήν μοι ἐπῶρσε Ποσειδάων ἐνοσίχθων·

247 μίγνυται   263 νοῦς   266 προῆκεν
250 ἐκέασε   ἐτρέφθη   268 ὄρη
257 ἀγήρων

ὅς μοι ἐφορμήσας ἀνέμους κατέδησε κέλευθον,
ὤρινεν δὲ θάλασσαν ἀθέσφατον, οὐδ' ἔτι κῦμα
εἴα ἐπὶ σχεδίης ἀδινὰ στενάχοντα φέρεσθαι.   274

Odysseus explains his coming.

τὴν μὲν ἔπειτα θύελλα διεσκέδασ'· αὐτὰρ ἐγώ γε
νηχόμενος τόδε λαῖτμα διέτμαγον, ὄφρα με γαίῃ
ὑμετέρῃ ἐπέλασσε φέρων ἄνεμός τε καὶ ὕδωρ.
ἔνθα κέ μ' ἐκβαίνοντα βιήσατο κῦμ' ἐπὶ χέρσου,
πέτρῃς πρὸς μεγάλῃσι βαλὸν καὶ ἀτερπέι χώρῳ·
ἀλλ' ἀναχασσάμενος νῆχον πάλιν, ἦος ἐπῆλθον,   280
ἐς ποταμόν, τῇ δή μοι ἐείσατο χῶρος ἄριστος,
λεῖος πετράων, καὶ ἔπι σκέπας ἦν ἀνέμοιο.
ἐκ δ' ἔπεσον θυμηγερέων, ἐπὶ δ' ἀμβροσίη νὺξ
ἤλυθ'· ἐγὼ δ' ἀπάνευθε διιπετέος ποταμοῖο
ἐκβὰς ἐν θάμνοισι κατέδραθον, ἀμφὶ δὲ φύλλα   285
ἠφυσάμην· ὕπνον δὲ θεὸς κατ' ἀπείρονα χεῦεν.
ἔνθα μὲν ἐν φύλλοισι, φίλον τετιημένος ἦτορ,
εὗδον παννύχιος καὶ ἐπ' ἠόα καὶ μέσον ἦμαρ.
δύσετό τ' ἠέλιος, καί με γλυκὺς ὕπνος ἀνῆκεν·
ἀμφιπόλους δ' ἐπὶ θινὶ τεῆς ἐνόησα θυγατρὸς   290
παιζούσας, ἐν δ' αὐτὴ ἔην εἰκυῖα θεῇσιν.
τὴν ἱκέτευσ'· ἡ δ' οὔ τι νοήματος ἤμβροτεν ἐσθλοῦ,
ὡς οὐκ ἂν ἔλποιο νεώτερον ἀντιάσαντα
ἐρξέμεν· αἰεὶ γάρ τε νεώτεροι ἀφραδέουσιν.

279 πέτραις   284 ἦλθε   290 τεῆς] σῆς
280 ἦος] ἕως   286 ἔχεεν   291 θεαῖς
281 εἴσατο   288 ἠόα] ἕω   292 ἤμβροτεν] ἥμαρτεν
282 πετρῶν

ἥ μοι σῖτον ἔδωκεν ἅλις ἠδ᾽ αἴθοπα οἶνον   295
καὶ λοῦσ᾽ ἐν ποταμῷ καί μοι τάδε εἵματ᾽ ἔδωκεν.
ταῦτά τοι ἀχνύμενός περ ἀληθείην κατέλεξα."

Odysseus defends Nausicaa.

τὸν δ᾽ αὖτ᾽ Ἀλκίνοος ἀπαμείβετο φώνησέν τε·
" ξεῖν᾽, ἦ τοι μὲν τοῦτό γ᾽ ἐναίσιμον οὐκ ἐνόησεν
παῖς ἐμή, οὕνεκά σ᾽ οὔ τι μετ᾽ ἀμφιπόλοισι γυναιξὶν
ἦγεν ἐς ἡμέτερον· σὺ δ᾽ ἄρα πρώτην ἱκέτευσας."   301
τὸν δ᾽ ἀπαμειβόμενος προσέφη πολύμητις Ὀδυσσεύς
" ἥρως, μή μοι τοὔνεκ᾽ ἀμύμονα νείκεε κούρην.
ἡ μὲν γάρ μ᾽ ἐκέλευε σὺν ἀμφιπόλοισιν ἕπεσθαι·
ἀλλ᾽ ἐγὼ οὐκ ἔθελον δείσας αἰσχυνόμενός τε,   305
μή πως καὶ σοὶ θυμὸς ἐπισκύσσαιτο ἰδόντι·
δύσζηλοι γάρ τ᾽ εἰμὲν ἐπὶ χθονὶ φῦλ᾽ ἀνθρώπων."

Alcinous will send Odysseus to his home.

τὸν δ᾽ αὖτ᾽ Ἀλκίνοος ἀπαμείβετο φώνησέν τε·
" ξεῖν᾽, οὔ μοι τοιοῦτον ἐνὶ στήθεσσι φίλον κῆρ,
μαψιδίως κεχολῶσθαι· ἀμείνονα δ᾽ αἴσιμα πάντα.   310
αἲ γάρ, Ζεῦ τε πάτερ καὶ Ἀθηναίη καὶ Ἄπολλον,
τοῖος ἐὼν οἷός ἐσσι, τά τε φρονέων ἅ τ᾽ ἐγώ περ,
παῖδά τ᾽ ἐμὴν ἐχέμεν καὶ ἐμὸς γαμβρὸς καλέεσθαι
αὖθι μένων· οἶκον δέ κ᾽ ἐγὼ καὶ κτήματα δοίην,
εἴ κ᾽ ἐθέλων γε μένοις· ἀέκοντα δέ σ᾽ οὔ τις ἐρύξει
Φαιήκων· μὴ τοῦτο φίλον Διὶ πατρὶ γένοιτο.   316

307 εἰμέν] ἔσμεν   312 ἐσσι] εἶς   314 αὖθι] αὐτοῦ
308 ἀπημείβετο   313 ἔχειν   315 ἄκοντα
311 εἰ γάρ

πομπὴν δ' ἐς τόδ' ἐγὼ τεκμαίρομαι, ὄφρ' ἐὺ εἰδῇς,
αὔριον ἔς· τῆμος δὲ σὺ μὲν δεδμημένος ὕπνῳ
λέξεαι, οἱ δ' ἐλάουσι γαλήνην, ὄφρ' ἂν ἵκηαι
πατρίδα σὴν καὶ δῶμα καὶ εἴ πού τοι φίλον ἐστίν,
εἴ περ καὶ μάλα πολλὸν ἑκαστέρω ἔστ' Εὐβοίης, 321
τήν περ τηλοτάτω φάσ' ἔμμεναι, οἵ μιν ἴδοντο
λαῶν ἡμετέρων, ὅτε τε ξανθὸν Ῥαδάμανθυν
ἦγον ἐποψόμενον Τιτυὸν Γαιήιον υἱόν.
καὶ μὲν οἱ ἔνθ' ἦλθον καὶ ἄτερ καμάτοιο τέλεσσαν
ἤματι τῷ αὐτῷ καὶ ἀπήνυσαν οἴκαδ' ὀπίσσω. 326
εἰδήσεις δὲ καὶ αὐτὸς ἐνὶ φρεσίν, ὅσσον ἄρισται
νῆες ἐμαὶ καὶ κοῦροι ἀναρρίπτειν ἅλα πηδῷ."
ὣς φάτο, γήθησεν δὲ πολύτλας δῖος Ὀδυσσεύς·
εὐχόμενος δ' ἄρα εἶπεν ἔπος τ' ἔφατ' ἔκ τ' ὀνόμαζεν·
"Ζεῦ πάτερ, αἴθ' ὅσα εἶπε τελευτήσειεν ἅπαντα 331
Ἀλκίνοος· τοῦ μέν κεν ἐπὶ ζείδωρον ἄρουραν
ἄσβεστον κλέος εἴη, ἐγὼ δέ κε πατρίδ' ἱκοίμην."

To bed!

ὣς οἱ μὲν τοιαῦτα πρὸς ἀλλήλους ἀγόρευον.
κέκλετο δ' Ἀρήτη λευκώλενος ἀμφιπόλοισιν 335
δέμνι' ὑπ' αἰθούσῃ θέμεναι καὶ ῥήγεα καλὰ
πορφύρε' ἐμβαλέειν, στορέσαι τ' ἐφύπερθε τάπητας,
χλαίνας τ' ἐνθέμεναι οὔλας καθύπερθεν ἕσασθαι.
αἱ δ' ἴσαν ἐκ μεγάροιο δάος μετὰ χερσὶν ἔχουσαι·
αὐτὰρ ἐπεὶ στόρεσαν πυκινὸν λέχος ἐγκονέουσαι, 340

319 (κατα)λέξει	322 ἴδοντο] εἶδον	335 ἐκάλεσε
ἐλῶσι	325 καὶ μήν	336 θεῖναι
(ἀφ)ίκῃ	ἐτέλεσαν	337 ἐμβαλεῖν
321 πολύ	327 εἰδήσεις] εἴσει	339 ἴσαν] ἦσαν
322 ἔμμεναι] εἶναι	331 εἴθε	

ὤτρυνον δ' Ὀδυσῆα παριστάμεναι ἐπέεσσιν·
"ὄρσο κέων, ὦ ξεῖνε· πεποίηται δέ τοι εὐνή."
ὣς φάν, τῷ δ' ἀσπαστὸν ἐείσατο κοιμηθῆναι.
ὣς ὁ μὲν ἔνθα καθεῦδε πολύτλας δῖος Ὀδυσσεὺς
τρητοῖς ἐν λεχέεσσιν ὑπ' αἰθούσῃ ἐριδούπῳ·   345
Ἀλκίνοος δ' ἄρα λέκτο μυχῷ δόμου ὑψηλοῖο,
πὰρ δὲ γυνὴ δέσποινα λέχος πόρσυνε καὶ εὐνήν.

342 κέων] κεισόμενος   345 λέχεσιν
343 φάν] ἔφασαν   347 παρὰ δέ

NOTES

M. refers to the large Edition of the *Odyssey*, books i—xii, by Merry and Riddell; B. and L. to the Translation of Butcher and Lang.

BOOK VI

1. ὁ μὲν—πολύτλας δῖος Ὀδυσσεύς. The article is ordinarily used as a demonstrative in Homeric Greek. Notice the apposition, —'he, even patient goodly Odysseus.'

ἔνθα, 'there,' i.e. on his bed of leaves on a river bank.

δῖος, 'bright,' 'goodly,' not 'divine' or 'godlike.' Cf. the Homeric phrase δῖα γυναικῶν = 'bright among ladies.' So in several passages the Latin *dius* seems to mean 'bright,' e.g. *dia voluptas* (Lucretius) and *dia Camilla* (Virgil).

2. ὕπνῳ καὶ καμότῳ ἀρημένος, 'oppressed with sleep and weariness,' i.e. 'the sleep which weariness brings.' Cf. Horace, *ludo fatigatumque somno.*

3. βῆ. The augment is very often omitted in Homeric Greek. Cf. ἄγε (line 7), ἔλασσε (9), ποίησε (10).

ῥα. See note on 100.

4. πρὶν μέν, answered by ἔνθεν...(7). Hypereia means 'Highlands' and Scheria (8) 'Coast.'

εὐρυχόρῳ, 'with broad dancing lawns.' So an ancient critic interprets it, 'broad for dancing.'

6. σινέσκοντο. The frequentative forms are very common in Homer. They are used without the augment.

βίηφι δὲ φέρτεροι ἦσαν. A reason is often stated in Homer as an additional fact, introduced by δέ. Translate: 'for they were superior in strength.' The Homeric φι(ν) case, as it is called, often has an instrumental force. So here βίηφι strictly means 'by strength.'

7. **ἔνθεν ἀναστήσας ἄγε,** 'removed and brought them from there.'

9. **ἀμφί,** adverbial,—'round about he carried a wall for the city.'

11. **Ἀϊδόσδε,** 'to the house of Hades.'

12. **θεῶν ἄπο μήδεα εἰδώς,** 'endowed with wisdom from the gods.' Notice the position and accent of *ἄπο.* Cf. Χαρίτων ἄπο (18).

15. **βῆ δ' ἴμεν,** 'and she essayed (lit. stepped) to go.' See note on 82.

16. **φυήν καὶ εἶδος,** acc. of respect.

19. **ἐπέκειντο,** 'lay to,' i.e. 'were closed.' Note that κεῖμαι and its compounds are often used in a passive sense.

20. **ἀνέμου ὡς πνοιή.** Cf. *par levibus ventis* (Virgil).

21. **πρός** goes with ἔειπεν, and the compound takes a double acc., μιν and μῦθον.

23. **ἥ οἱ ὁμηλικίη—θυμῷ,** 'who was her equal in age and had found favour in her soul.' ὁμηλικίη is properly a collective noun; but here it means 'one of the body of her comrades.'

24. **μιν** is not reflexive; but is governed by προσέφη,—'to her Athene likened herself and spake to her.'

25. **τί νύ σ'—μήτηρ,** 'why, pray, did thy mother bare in thee so heedless a daughter?'

26. **σιγαλόεντα** is a stock epithet. Its meaning must not be pressed here. The emphasis is on κεῖται ἀκηδέα.

27. **ἵνα χρὴ—ἕννυσθαι,** 'at which thou must don fair raiment thyself.'

28. **τὰ δὲ τοῖσι—ἄγωνται,** 'and provide other garments for those who shall escort thee (to the bridegroom's home).' This is a good passage for illustrating a very common use of the article in Homer, viz. to denote *contrast.*

οἵ κέ σ' ἄγωνται. In Homer the independent subjunctive is often used in a future sense. The particle κε merely means 'then,' 'in that case.'

29. **ἐκ γάρ τοι τούτων,** 'for from such array, thou knowest...'

ἀνθρώπους ἀναβαίνει, 'goes up—spreads—among men.' ἀνθρώπους is acc. of extent.

31. **ἴομεν,** 'let us go.' Note this subjunctive form.

πλυνέουσαι, future participle denoting purpose.

ἅμ' ἠόι φαινομένηφιν, 'with the breaking of the day.' Here the φι(ν) case has a sociative meaning.

33. οὔ τοι ἔτι δήν, 'not surely much longer.'

35. πάντων Φαιήκων, partitive gen. Translate. 'already are wooing thee the noblest of all the Phaeacians in the realm.' δῆμος generally has a local meaning in Homer.

ὅθι τοι—καὶ αὐτῇ, 'where (among whom) thou thyself also hast thy birth.'

36. ἐπότρυνον, aor. imperative.

37. ἅμαξα, which is aspirated in ordinary Greek, i.e. ἅμαξα, is a four-wheeled cart, as opposed to the ἅρμα or two-wheeled chariot.

ἥ κεν ἄγῃσιν. Cf. 28, and notice that in both passages κε(ν)—then—limits the clause to the circumstances mentioned.

39. καὶ δὲ σοὶ αὐτῇ, 'and also for thyself.'

40. πολλὸν—πόληος, 'far are the washing-tanks from the city.'

42. Οὔλυμπόνδε. For the termination cf. Ἄϊδόσδε (11).

43. οὔτ' ἀνέμοισι τινάσσεται. Tennyson imitates the whole passage in his description of the island valley of Avilion in *Morte d'Arthur* [M.].

44. αἴθρη πέπταται. Cf. *Joel* ii 2 'like the morning spread upon the mountains.'

45. ἐπιδέδρομεν, 'floats over it.'

47. διεπέφραδε. The reduplicated aor. is a peculiarity of Homeric word-formation. Cf. 71, 303, vii 49.

49. Ναυσικάαν, in apposition to μιν.

51. φίλῳ. The adj. φίλος originally meant no more than 'one's own.'

53. ἠλάκατα, 'yarn,' spun off from the distaff.

ἁλιπόρφυρα. The first part of the compound is the true locative ἁλί. 'Sea-purple' refers to the Phoenician dye from the *murex*.

54. ξύμβλητο, 'she met him,' by hastening down the μέγαρον (banquet-hall) and catching him at the door [M.].

55. ἵνα, 'where,' 'whither.'

57. οὐκ ἂν δή μοι ἐφοπλίσσειας. This is a gentle, tentative form of request,—'couldest thou not really prepare for me?'

ἀπήνην, 'wain,' a synonym of ἅμαξα.

59. πλυνέουσα. See note on 31.

61. βουλὰς βουλεύειν, the most complete form of cognate acc. Homer has elsewhere ἀγορὰς ἀγορεύειν—πόλεμον πολεμίζειν—ἀπειλὰς ἀπειλεῖν.

χροΐ, locative, 'on thy skin.' Cf. note on 53.

65. τὰ δὲ—πάντα μέμηλεν, 'and these things have all been a care to my mind.' Mackail translates: 'and now on all this charge my mind is set.'

66. θαλερὸν γάμον, 'marriage in her maiden prime'; or θαλερός may be a stock epithet of γάμος in the sense of 'fruitful' [M.].

70. ὑπερτερίῃ ἀραρυῖαν, 'fitted with a hood (or awning).'

71. ἐκέκλετο. See note on 47.

74. φαεινήν, a stock epithet; cf. εἵματα σιγαλόεντα (26).

75. τὴν μέν, i.e. the raiment.

77. ἐν δ' οἶνον ἔχευεν, 'and in she poured wine.' It is a mistake to regard such an expression as an instance of *tmesis* ('cutting'); for it really represents an older type of Greek than the compound verb.

78. ἐπεβήσετο. For the mixed aorist cf. 127, 321.

80. ἧος χυτλώσαιτο, 'until she should anoint herself after the bath,' really denoting a purpose. Note that χυτλόομαι includes the two processes of bathing and anointing.

82. μάστιξεν δ' ἐλάειν. The infinitive often denotes purpose in Homer. It is in reality the dative case of a noun. So this phrase means literally 'she lashed them for driving.'

83. καὶ αὐτήν, 'and Nausicaa herself.'

84. ἅμα τῇ γε—κίον ἄλλαι, 'yea, with her went also her attendants besides.' Notice the idiomatic use of ἄλλαι.

86. ἐπηετανοί, 'everlasting,' i.e. 'unfailing.' M. says:—'The πλυνοί seem to have been tanks dug at the side of the river, having a free communication therewith above and below, so that the water was continually passing in and out of them.'

πολὺ—καλόν, 'abundant and clear.'

87. ὑπεκπρόρεεν—ὑπεκπροέλυσαν. The πρό in the first word denotes 'passing on'; in the second 'sending them forward (to graze).'

μάλα περ—καθῆραι. Note that the infinitive here signifies consequence. Translate: 'so as to cleanse raiment ever so soiled.'

περ (a shorter form of the adverb πέρι 'exceedingly') is often used to strengthen a concession.

90. τρώγειν, expressing purpose, as in 82.

91. ἐσφόρεον μέλαν ὕδωρ, 'they carried them into the dark water,' i.e. water from deep places where the light cannot reach it [M.].

94. ἧχι μάλιστα, idiomatic,—'just where.'

95. λάϊγγας—θάλασσα, 'the sea used to wash up the shingle on the shore.'

96. λίπα, an old instrumental case-form, used adverbially, and denoting 'oilily,' 'richly,' 'thickly.' There are several similar forms in Homer, such as θάμα, κάρτα, ῥεῖα, ῥίμφα, λίγα. We may translate: 'having anointed themselves with oil right well.'

98. εἵματα—αὐγῇ, lit. 'they awaited the clothes for their drying in the sun-light.' τερσήμεναι is aor. infinitive from τέρσομαι. Cf. note on 82.

100. σφαίρῃ—ἔπαιζον. We have a similar instrumental use in Latin,—pila ludere (Cicero).

ἄρα properly means 'fittingly,' 'accordingly' (root ἀρ, to fit). The forms ἄρ and ῥα seem to be varieties produced by difference of stress [Monro].

ἀπὸ—βαλοῦσαι. See note on 77.

101. τῇσι δέ, either (1) local, 'among them,' or (2) 'for them.'

μολπῆς. The ball-play would have been accompanied by a chant and a dance movement [M.].

102. οἵη δ' Ἄρτεμις εἶσι, grandly imitated by Virgil, Aen. i 498—503:

> qualis in Eurotae ripis aut per iuga Cynthi
> exercet Diana choros, quam mille secutae
> hinc atque hinc glomerantur Oreades; illa pharetram
> fert umero, gradiensque deas supereminet omnes;
> Latonae tacitum pertemptant gaudia pectus:
> talis erat Dido, talem se laeta ferebat.

κατ' οὔρεος. 'We may suppose that Artemis descends from some peak, and then travels along the ridges of the hills' [M.].

ἰοχέαιρα, 'arrow-pourer.' Cf. Iliad xv 590 βέλεα χέοντο.

106. παίζουσι. Cf. our use of 'sport' for hunting.

φρένα, acc. of respect,—'in heart.'

107. πασάων—μέτωπα, 'high over all she holds her head and brows.'

ἥ γε. This resumptive use of the article is very common in Homer. It comes again in 109. Cf. the similar Virgilian use of *ille*.

108. καλαὶ δέ τε πᾶσαι. Notice the generic use of τε, which is very frequent in Homer in general statements, especially similes. Note that it occurs three times in this simile. It must be distinguished from the conjunction τε. It must be neglected in translation, and regarded merely as a sign-post.

114. ἥ οἱ—ἡγήσαιτο, denoting purpose,—'who should be guide for him to the city.'

πόλιν, acc. of goal of motion.

116. ἅμαρτε—ἔμβαλε. Nausicaa is the subject of both verbs.

117. ἐπὶ μακρὸν ἄυσαν, 'they shouted loud thereat.' Cf. *Iliad* xv 321 ἐπὶ δ' αὐτὸς ἄυσε.

119. αὖτε, best rendered by our impatient 'now !'

122. ὥς—κουράων, 'as it were the voice of maidens,' further explained by νυμφάων which follows.

126. πειρήσομαι, aor. subj. (as is shown by ἴδωμαι), quite an ordinary Homeric use as regards both accidence and syntax. Translate : 'I myself will make trial and see.' The independent subj. has a strong future meaning. Cf. 28.

127. θάμνων, ablatival gen.

ὑπεδύσετο. Cf. 78.

131. νόμενος καὶ ἀήμενος. Xenophon has νιφόμενος 'snowed upon.'

ἐν δέ, 'and withal.'

ὅσσε δαίεται. Cf. the use of neut. plur. with sing. verb.

133. μετ' ἀγροτέρας ἐλάφους. Note the change of case after μετά. He *goes amid* the kine or sheep; but *pursues* the wild deer.

134. μήλων πειρήσοντα—ἐλθεῖν, 'to go even to the close-shut fold to make an attack on the flocks.' Cf. 31.

138. ἠιόνας προεχούσας, 'jutting spits' or 'beaches.'

140. ἐκ, with εἵλετο. Cf. 77.

141. σχομένη, 'having checked herself' (from flight).

142. γούνων—λαβών. This gen. is a partitive one.

144. εἰ δείξειε, 'to see if she would show'; 'if perchance she would show.' This is a not uncommon way of expressing a purpose.

145. δεάσσατο. Cf. δέατο (242).

147. φρένα. Cf. 106.

157. λευσσόντων, possessive gen. depending on θυμός, though the dat. σφισι has gone before.

τοιόνδε θάλος, 'a thing so lovely-delicate' [Mackail].

θάλος—εἰσοιχνεῦσαν. For this sense-construction cf. *Iliad* xxii 87 φίλον θάλος, ὃν τέκεν αὐτή.

158. πέρι, adverbial, 'exceedingly.'

κῆρι, locatival, 'in heart,' 'at heart.'

159. σ' ἐέδνοισι—ἀγάγηται, 'having prevailed by gifts (to the bride's father) leads thee home.'

162. Δήλῳ, i.e. on the voyage of the Greeks from Aulis to Troy. They sailed through the Cyclades to Delos.

164. ἦλθον—τὴν ὁδόν, 'I went by the path.' For the cognate acc. see 61.

167. ἐπεί—ἐκ δόρυ γαίης. Mackail translates: 'for in all the world no shaft so stately up from earth is sent.'

169. χαλεπὸν δὲ—ἱκάνει, 'though cruel sorrow comes upon me.' ἱκάνω takes an acc. of the object.

170. χθιζός, an adjective, has the adverbial sense of χθές 'yesterday.' So in Latin we have *se matutinus agebat* (Virgil).

φύγον οἴνοπα πόντον. The acc. is that of space over which.

171. τόφρα, 'during all that time,' i.e. twenty days.

172. κάββαλε, 'cast me ashore.'

173. καὶ τῇδε, 'here also.'

174. πάροιθεν, 'before that,' i.e. before my troubles cease.

175. σὲ—ἐς πρώτην. The unusual order is designed to emphasise the pronoun.

178. ῥάκος, 'an old garment' [B. and L.].

ἀμφιβαλέσθαι. For the inf. denoting purpose see note on 82.

180. δοῖεν, pure optative.

183. ἤ—ἔχητον. The addition of this clause helps to explain the genitive construction in the previous clause.

ὅθ'—ἔχητον. Notice that ἄν or κε(ν) are by no means necessary in such a clause in Homeric Greek.

184. πόλλ' ἄλγεα—χάρματα δ'. These accusatives are in

apposition to, and explanatory of the previous clause. So Homer often has θαῦμα ἰδέσθαι in apposition to a sentence. Cf. 306.

185. μάλιστα δέ τ᾽ ἔκλυον αὐτοί. Notice the use of the aorist and also the particle τε in a proverbial passage. M. writes: 'They *hear* the congratulations of friends and the envious words of foes; but they *hear* the story of their own joy repeated even better by their own hearts.' Cf. *Proverbs* xiv 10 'the heart knoweth his own bitterness.'

189. ὅπως ἐθέλῃσιν, 'just as he wills.' See note on 183.

193. ὧν ἐπέοιχ᾽—ἀντιάσαντα, 'nor aught else that is the due of a hapless suppliant, when he has met them that can befriend him' [B. and L.].

197. τοῦ δ᾽ ἐκ—ἔχεται, 'and on him all the might and force of the Phaeacians hang.' Cf. *Iliad* ix 102, where we have the same construction without a preposition, σέο δ᾽ ἕξεται ὅττι κεν ἄρχῃ, 'whatever rules will depend on thee.'

199. στῆτέ μοι, 'halt, I bid you.'

200. ἢ μή—φάσθ᾽ ἔμμεναι ἀνδρῶν, 'you mean not surely that he is one of our foes?'

201. οὐκ ἔσθ᾽ οὗτος ἀνὴρ διερὸς βροτός, 'this man exists not among the quick.' B. and L. translate: 'that mortal breathes not.' The adj. διερός has the meanings of 'moist,' 'nimble,' 'living,' just as our English word 'quick' means 'moving,' 'lively,' 'living.'

οὐδὲ γένηται, 'nor ever will be born.' The independent subjunctive in Homer often denotes a strong future. See notes on 28 and 126.

203. δηιοτῆτα φέρων, 'with war in hand' [Morris].

207. πρὸς Διός εἰσιν, 'are from Zeus,' i.e. under his protection.

208. δόσις ὀλίγη τε φίλη τε, 'a gift, though small, gives pleasure.'

210. ὅθ᾽ ἔπι σκέπας ἔστ᾽, 'where (ὅθι) there is shelter withal (ἔπι) from the wind.' The ἔπι is adverbial; contrast 212.

212. κὰδ δ᾽ ἄρ᾽—εἶσαν, 'and down then they set Odysseus in the sheltered spot,' i.e. they led him thither and bade him sit there.

214. εἵματα, predicative,—'for raiment.'

218. οὕτω, 'yonder.' He denotes the distance by a wave of the hand [M.].

219. ἀπολούσομαι and χρίσομαι, both subjunctives.

220. ἄπο χροός, 'away from my skin.' Note the accent of the prep. in this sense.

ἐστιν. Our idiom is 'has been.'

221. λοέσσομαι, fut. indic. probably; but it may be aorist subj. The presence of ἄν is no evidence either way. In Homeric Greek this particle merely denotes 'in that case.'

224. ἐκ ποταμοῦ, 'with water from the river.'

χρόα νίζετο—ἅλμην, 'he was washing the brine from his skin.' Notice the double acc. analogous to that after verbs of deprivation.

225. οἱ, possessive dative.

226. χνόον, 'scurf,' i.e. of dry salt.

ἀτρυγέτοιο. This stock epithet of the sea is probably connected with τρυγάω 'gather in fruits.' If so, it means 'unharvested,' 'barren,' in comparison with the land.

227. λίπ' ἄλειψεν. See note on 96.

229. τὸν μὲν 'Αθηναίη θῆκεν, 'him then Athene made,' begins the apodosis.

230. εἰσιδέειν, lit. 'for seeing.' See note on 82.

κὰδ δὲ κάρητος—κόμας, 'and down from his head she let the thick hair.' Cf. 212.

231. ὑακινθίνῳ ἄνθει ὁμοίας. M. says:—'The epithets of ὑάκινθος in *Iliad* xiv 347 are πυκνός and μαλακός, which suggest that the point of resemblance here is in the clustering flowers and curling petals, and not in the colour.' So Mackail translates :—

'And made the long hair cluster on his head,
Curled like a hyacinth-blossom curling tight.'

232. περιχεύεται, first aor. subj. mid. from περιχέω.

ἀργύρῳ, locatival, 'on silver.' 'The picture seems to be of the fairness of the forehead surrounded by an aureole of auburn hair' [M.].

233. ὃν—δέδαεν—τέχνην, double acc. Cf. the similar use in Latin.

῞Ηφαιστος—'Αθήνη. Hephaestus and Athene are regarded as the patrons of art in all its branches (τέχνην παντοίην). Plato speaks of 'Hephaestus and his fellow-artist,' meaning Athene.

234. χαρίεντα δὲ ἔργα τελείει, 'while he (the ἀνήρ) perfects works of grace.'

235. κεφαλῇ τε καὶ ὤμοις, in apposition to τῷ.

237. κάλλεϊ καὶ χάρισι. Cf. the beautiful expression in *Ecclesiasticus* xxiv 16 'My boughs are boughs of glory and grace.'

240. οὐ πάντων ἀέκητι θεῶν. Cf. *non sine numine divum* (Virg.).

242. δέατο, 'seemed,' imperfect of δέαται. In 145 we have the aor. δεάσσατο.

244. αἲ γὰρ—μίμνειν, 'Ah, would that such a man might be called my husband,...and that it might be his pleasure to remain here!' αἲ γάρ, lit. 'ah, then (γε ἄρ) if only...'

246. ἀλλά, 'come now!'

255. ὄρσεο—ἴμεν, lit. 'stir thyself *for going.*' See note on 82.

258. ἀλλὰ μάλ' ὧδ' ἔρδειν, lit. 'but do thou verily be *for doing* thus.' This rendering shows us the origin of the Greek use of infinitive for imperative.

259. ὄφρ' ἄν—ἔργ' ἀνθρώπων, 'while we go along fields and tillage of men (i.e. farms).' ἀγρούς and ἔργα are acc. of space over which. Cf. 170. Notice ἄν and κε in the same clause, which is quite unusual. The two particles together mean 'then, in that case.'

ἴομεν, 'let us go,'—hortative use of the subjunctive.

261. ἔρχεσθαι, infin. for imperative again.

262. ἐπὴν πόλιος ἐπιβήομεν, 'when we set foot on the city.'

264. νῆες δ' ὁδόν—εἰρύαται, 'and ships are drawn up along the roadway.' The construction of ὁδόν is the same as that of the acc. in 259.

ἀμφιέλισσαι. Leaf holds that the only meaning of this epithet consonant with the use of the word ἑλίσσω is 'wheeling both ways,' i.e. 'easily turned round,' 'handy.'

265. εἰρύαται, 'are hauled up,' 3rd plur. perf. pass. of ἐρύω.

ἐπίστιον, perhaps connected with ἐφίστημι and meaning 'stopping place,' hence 'dock,' 'slip.'

ἑκάστῳ, in apposition to πᾶσιν.

267. λάεσσι—ἀραρυῖα. These stone blocks form a low wall round the ἀγορά.

272. ἀγαλλόμενοι. M. has a good note: 'To do full justice to this word, we must remember that there is a sort of personal friendship between the Phaeacians and their famous ships, which αὐταὶ ἴσασι νοήματα καὶ φρένας ἀνδρῶν (viii 559).'

274. κατὰ δῆμον, 'throughout the land.' Cf. 34.

275. εἴπῃσι. For this use of the independent subj., 'he will say,' see notes on 28, 126, 201.

277. οἱ—αὐτῇ, 'for her herself.'

282. βέλτερον—ἄλλοθεν, 'it is better so, that she should herself have ranged about and found a husband from elsewhere.' The whole passage is bitterly sarcastic.

286. καὶ δ᾽ ἄλλῃ νεμεσῶ—ῥέζοι, 'aye, and I am ready to be angry with any other maiden, whoever should do such things.' Note the optative ῥέζοι. The time is purposely vague [Monro].

287. ἥ τ᾽ ἀέκητι φίλων—ἐόντων, 'who against the will of friends, father and mother still alive.'

288. μίσγηται. See note on 28.

289. ξεῖνε, σὺ δ᾽—ἔπος, 'now, stranger, do thou thus mark my word.' Note the order of words. Homer has also Ἕκτορ, ἀτὰρ σύ....

291. δήεις, subjunctive used as future,—'thou shalt find.'

292. αἰγείρων, gen. of material.

294. τόσσον—βοήσας, 'so far from the city as one can make himself heard by a shout.'

295. μεῖναι χρόνον, 'tarry for a while,'—infin. for imperative. See note on 258.

εἰς ὅ κεν, 'until.'

297. ἔλπῃ means no more than 'thou thinkest.'

298. καὶ τότε, 'even then,' marks the apodosis.

ἴμεν—ἠδ᾽ ἐρέεσθαι δώματα, 'go and ask for the palace,'— imperatival again, as also below in 304 and 311.

301. οὐ μὲν γάρ τι—ἥρωος, 'for not at all like these are the houses of the Phaeacians built, such as is the palace of the hero Alcinous.' This is an awkwardly constructed sentence,—οἷος δόμος being substituted for οἷα (δώματα).

303. κεκύθωσι, subj. of reduplicated aor. The meaning is: 'as soon as you have entered the court and passed within the palace' [M.].

304. ἵκηαι μητέρ᾽ ἐμήν. For the construction cf. 331.

305. ἡ δ᾽ ἧσται ἐπ᾽ ἐσχάρῃ. Monro (in his edition of the Odyssey, p. 490) writes thus:—' The Palaces of Tiryns and Mycenae have thrown fresh and interesting light on the position and structure

of the fire-place (ἐσχάρη). It will be seen from the ground plan of the Tiryns Palace [see illustration facing p. 14] that in the centre of the Great Hall (μέγαρον) there are the bases of four columns still *in situ*, with traces of a fire-place within the square thus formed. These four columns were doubtless employed to support a lantern somewhat higher than the roof of the building, and serving partly to give light to the room and partly as an escape for the smoke. A similar construction was usual in the hall of a medieval castle, with the difference that the lantern was not placed on columns rising from the floor, but rested on the framework of the roof.' A possible restoration of the Hall at Tiryns is given by Middleton in *Hellenic Journal* vii 165 [see illustration facing p. 14].

Monro continues:—'In the Homeric Hall it is now clear that the hearth was in the middle, surrounded by a group of columns. It is there that Queen Arete sits working in the light of the fire and leaning against a pillar, with her maids *behind* her, i.e. outside the place of honour.'

'At Mycenae,' he adds, 'the fire-place is better preserved than at Tiryns, and the four bases of columns are still visible.'

306. ἠλάκατα—ἁλιπόρφυρα. See note on 53.

θαῦμα ἰδέσθαι. See note on 184.

307. οἱ, possessive dat. Cf. vii 103.

308. αὐτῇ, i.e. θρόνῳ αὐτῆς.

309. τῷ (θρόνῳ), with ἐφήμενος.

312. εἰ καὶ μάλα τηλόθεν ἐσσί, 'even if thou art from a very far-off land.'

314. ἐλπωρή τοι—ἰδέειν, lit. 'there is hope for thee *for seeing.*'

316. φαεινῇ, referring either (1) to the polished handle or (2) to the shining leather of the whip.

319. μάλ'—ὅπως ἅμ' ἑποίατο, 'just so that they might keep up.' For the form ἑποίατο cf. μνησαίατο (137).

321. δύσετο. Cf. 78, 127.

322. ἱρόν. See note on vii 167.

ἄρα, in its original sense of 'fittingly.' See note on 100.

331. πάρος—ἱκέσθαι, 'or ever he came.'

BOOK VII

2. μένος ἡμιόνοιιν. Cf. 167, also 'Strength of Heracles' and similar Homeric expressions.

5. ὑπ' ἀπήνης, 'from under the wain.'

9. ἀμφιἐλισσαι. Cf. vi 264.

10. γέρας ἔξελον, 'selected as a special prize.'

πᾶσιν Φαιήκεσσιν, local,—'among all the Phaeacians.' Cf. μετ' ἀνθρώποισιν (23).

11. θεοῦ—ἄκουεν, 'hearkened to him as a god.'

12. ἥ, resumptive use of the article,—'she it was who...'; so also in the next line, where the accent is due to the enclitic which follows.

μεγάροισιν, the chambers of the palace generally, as opposed to μέγαρον, the great hall.

14. ὦρτο—ἴμεν. See note on vi 82.

22. οὐκ ἄν—ἡγήσαιο, 'couldest thou not guide me to the palace of lord Alcinous?'

25. ἐξ ἀπίης γαίης, 'from a far-off land.' Some post-Homeric authors understood this as a name for the Peloponnese.

τῷ (without ι-subscript), an instrumental case-form, denotes 'therefore.'

26. ἀνθρώπων, partitive gen.,—'among men.'

29. ἐγγύθι ναίει. Countries, islands, and houses are sometimes used with the verbs ναίω and ναιετάω by a sort of personification.

30. σιγῇ τοῖον. This adverbial τοῖον is a Homeric idiom. Translate, 'just silently,' 'quite silently.'

ὁδόν, acc. of space traversed,—'along the road.' Cf. vi 170.

31. μηδέ—ἐρέεινε, 'but do not gaze at or question any man.'

32. οὐ μάλα, a colloquialism,—'not much,' i.e. 'not at all.'

34. νηυσὶ θοῇσιν—ὠκείῃσι. The two epithets are only verbally tautologous. One is a conventional epithet, and the other a special. Translate, 'trusting in the speed of their swift ships' [M.].

36. ὡς εἰ πτερὸν ἠὲ νόημα, a wonderful simile, especially in its compression. M. quotes a saying ascribed to Thales, τάχιστος νοῦς· διὰ παντὸς γὰρ τρέχει.

40. **διὰ σφέας.** The acc. conveys the thought of 'passing among them.'

43. **θαύμαζεν.** Mark the tense,—'kept wondering,' i.e. at all the sights.

45. **σκολόπεσσιν,** i.e. the palisade along the coping of the walls.

47. **τοῖσι δὲ μύθων ἦρχε.** . The plural τοῖσι is curious, seeing that there are only two persons conversing. Note that the δέ is 'in apodosis.' It may be represented in translation by 'then.'

49. **πεφραδέμεν,** 'to point out.' See note on vi 45.

δήεις. See vi 291.

50. **δαίτην δαινυμένους,** 'taking part in the feast.' For the cognate acc. cf. vi 61 βουλὰς βουλεύειν.

52. **εἰ καί ποθεν—ἔλθοι,** 'even though he were to come from some other land.'

53. **δέσποιναν⤙κιχήσεαι,** 'the queen thou wilt find first,' i.e. 'thine eye shall light on her first of all that are in Hall.'

54. **'Αρήτη—ἐπώνυμον,** 'Arete is the name given her.'

57. **γυναικῶν,** partitive gen.,—'among women.'

εἶδος, acc. of respect,—'in beauty.'

60. **ἀλλ' ὁ μὲν ὤλεσε—αὐτός.** The meaning is well brought out in Mackail's translation:—'Whom in their folly down from their high place he drew, and with them perished.'

64. **ἄκουρον—νυμφίον,** 'new-wedded without a son.'

68. **ὑπ' ἀνδράσιν οἶκον ἔχουσιν,** 'keep house under their lords.'

69. **ὡς κείνη πέρι κῆρι τετίμηται,** 'even so she right heartily has been honoured.'

πέρι κῆρι. See note on vi 158.

καὶ ἔστιν, 'and still is (honoured).'

70. **ἐκ** sometimes denotes agency.

72. **δειδέχαται—ἀνὰ ἄστυ,** 'welcome her with loyal speech, when she goes about the town.' δειδέχαται (properly 'greet with outstretched hands') is 3rd plur. perf. pass. (in form)—an *intensive* form, belonging to δείκνυμι [Monro].

ὅτε στείχῃσι. Note that ἄν or κε(ν) is by no means required here by Homeric rules, or again in 74. Cf. vi 183.

73. **οὐ μὲν γάρ—δεύεται ἐσθλοῦ,** 'for she also herself has no lack at all of good understanding.' She does not only shine with light reflected from the king [M.].

74. ᾗ σί τ'—νείκεα λύει, 'her woman's wisdom puts a period to strife of men' [Mackail].

καὶ ἀνδράσι, 'even for men.'

81. Ἐρεχθῆος πυκινὸν δόμον, i.e. the joint temple of Athene and Erechtheus on the Acropolis.

83. ἱσταμένῳ. Mark the force of the imperfect participle. As Odysseus caught from without some of the glories of the Palace, his pace betrayed the wonderment of his mind, as 'he stopped ever and anon' [M.].

84. ὥς τε γὰρ—ὑψερεφές, 'for there was a gleam as of sun or moon through the high-roofed Palace.'

86. ἐρηρέδατο, 'had been set,' 3rd plur. plup. pass. of ἐρείδω.

ἔνθα καὶ ἔνθα, 'this way and that,' i.e. 'length-wise and breadth-wise.'

87. ἐς μυχόν, 'to the inmost chamber' [B. and L.].

περὶ δὲ θριγκὸς κυάνοιο, 'and around them was a frieze (or cornice) of blue.' Such a gen. of material is rare in Greek. An adj. would be more usual. The word κύανος denotes a blue glass paste, used as an artificial substitute for the natural ultramarine obtained by pulverising *lapis lazuli*. Fragments of an alabaster frieze, inlaid at intervals with small pieces of blue glass, were found at Tiryns [Jebb, *Introduction*].

88. ἐντὸς ἔεργον, 'closed in.'

96. διαμπερές, 'all the way round.'

ἔνθ' ἐνὶ—βεβλήατο, 'on which (lit. where on them) had been spread coverlets.'

99. ἐπηετανόν, 'an unfailing store.'

102. φαίνοντες, intrans.—'giving light.'

νύκτας, duration of time.

103. οἱ, 'for him,' i.e. Alcinous.

106. οἷά τε φύλλα—αἰγείροιο, 'restless as the leaves of the tall poplar tree' [B. and L.]. Mackail translates:—

'While, like the leaves of a tall poplar, flit
The glancing shuttles through their finger-tips.'

107. καιρουσσέων, contracted for καιροεσσέων 'close-woven.' καιρόεις is from καῖρος, the loop which holds each vertical thread in the loom [M.].

ἀπολείβεται ὑγρὸν ἔλαιον. B. and L. translate thus:—'and

the soft olive oil drops off that linen, so closely is it woven.' Oil appears to have been used freely in the fulling and dressing of clothes [M.]. But some editors consider the reference to be to the appearance of oil, i.e. glossiness.

109. ὡς δὲ γυναῖκες—τεχνῆσσαι, 'even so their women are most cunning at the looms.' ὡς answers to ὅσσον, and δέ is 'in apodosis.'

110. πέρι, adverbial,—'right well.' See vi 158.

113. ἐλήλαται, 'is driven,' i.e. 'is carried,' 'is built.'

114. δένδρεα—πεφύκασι. In Homeric Greek the later rule, which requires a singular verb after neuter plural subject, is by no means fixed.

118. χείματος οὐδὲ θέρευς, time within which.

122. οἱ. Cf. 103.

123. τῆς ἕτερον μὲν—τραπέουσι, 'part of the vineyard, a warm place on level ground, is dried by the sun ; and other grapes again they are gathering and others they are treading.'

124. τε, and in 125, marking a general statement, as so often. Cf. vi 108.

125. πάροιθε, i.e. in the foreground.

126. ἄνθος ἀφιεῖσαι, 'shedding their bloom.' Before these words we must understand ἕτεραι μέν.

127. παρὰ νείατον ὄρχον, 'along the outermost row (of vines).' M. notes :—There is no idea of a flower-garden, nor any trace in Homer of the cultivation of flowers. The words ἐπηετανὸν γανάουσαι 'ever freshly green' apply to a kitchen-garden only!

129. ἀνὰ κῆπον ἅπαντα, 'all over the enclosure,' i.e. over the 'trim beds' just mentioned.

130. ἐτέρωθεν, 'over against it.'
ὑπ' αὐλῆς οὐδὸν ἵησιν, 'sends (water) under the threshold of the courtyard,'—issuing in the centre of it, midway between the entrance and the banquet-hall [M.].

132. ἐν 'Αλκινόοιο. Supply δόμῳ.
θεῶν, with δῶρα.

135. ἐβήσετο. See note on vi 78.

137. ἀργεϊφόντῃ. This stock epithet probably means either 'brightly shining' or 'quickly appearing,'—a good description of Hermes, messenger of the gods. So Mackail translates it

48 NOTES ON BOOK VII

'the Shining One.' Welcker says, *qui albus, splendidus apparet.*
The traditional explanation, 'Slayer of Argus,' must be given up,
as a piece of popular etymology.

138. μνησαίατο, optative of frequency. For the form cf. vi 319.
143. αὐτοῖο, ablatival. Translate:—'the wondrous mist was
shed back from the hero himself.'
145. θαύμαζον, 'they kept wondering.'
148. δοῖεν, pure optative.
149. ζωέμεναι, a good instance of the original datival use of the
infinitive,—'for living.' So again in 151.
παισίν, i.e. not to strangers.
150. γέρας, i.e. the royal τέμενος or demesne. See vi 293.
152. φίλων ἄπο, 'far away from friends.'
153. ἐπ᾽ ἐσχάρῃ. See note on vi 305.
156. Φαιήκων ἀνδρῶν, partitive gen.—'among the Phaeacians.'
προγενέστερος, a frequent Homeric use of the comparative,—
'an elder' or 'elderly'; so also γεραίτερος and νεώτερος.
159. οὐ μέν τοι τόδε κάλλιον, 'this truly is not the more
seemly way' [B. and L.].
161. σὸν μῦθον ποτιδέγμενοι, 'waiting for a word from thee.'
164. οἶνον ἐπικρῆσαι. The force of the preposition is 'to mix
in addition to the water.'
166. ἔνδον ἐόντων, gen. of material or stock drawn upon; so
also 176 χαριζομένη παρεόντων 'lavishing from her store.'
167. ἱερὸν μένος. The meanings of ἱερός in Homer seem to be
'active,' 'fresh,' 'strong,' 'holy.' The meaning 'strong' seems to
be required when ἱερός is the epithet of such words as ἴς, μένος,
στρατός. And ἱερὸν πτολίεθρον may mean 'strong citadel.' More
probably it denotes that the citadel is under the protection of
a god.
169. ὦρσεν ἀπ᾽ ἐσχαρόφιν, 'raised him from the hearth.' Here
we have the φι(ν) case used as an ablative. We have already seen
it employed as an instrumental and a sociative.
171. μάλιστα δέ μιν φιλέεσκεν. In later Greek this would be
turned into a relative clause.
174. νίψασθαι. See note on 149.
182. μελίφρονα, 'honey-hearted.' M. notes that this epithet
gives a certain personality to οἶνος, like our use of 'generous wine.'

183 ἐπαρξάμενος δεπάεσσιν. The full meaning is well given by B. and L.:—'when he had poured for libation into each cup in turn.' Monro (on *Od.* xviii 418) says:—'The word ἐπάρχομαι denotes the pouring in of the first drop, which was then immediately poured out in libation, and the full draught poured in by the οἰνοχόος. The preposition ἐπί has the force of going *round* the company.'

188. κατακείετε, fut. ind., not imperative,—'you will lie down' [Monro].

189. ἐπί, with καλέσαντες.

192. μνησόμεθα, ' let us bethink us.'

197. κατά, adverbial, with νήσαντο,—' span *off* for him' [M.].

κλῶθες βαρεῖαι, 'the stern spinning women,'—the half-personified agency of αἶσα [M.]. Mackail translates:—'Fate and the awful Spinners of the Thread.'

200. ἄλλο τι δὴ—περιμηχανάονται, 'then this is some untoward device with which the gods encompass us.' ἄλλος is often used euphemistically.

201. τὸ πάρος, with present, is idiomatic.

202. εὖτ' ἔρδωμεν. See note on vi 183.

204. εἰ δ' ἄρα τις—ὁδίτης. 'and if perchance even some lonely wayfarer has met them.'

205. ἐγγύθεν, 'akin.' So are the Cyclopes and the Giants, who are children of Earth.

213. καὶ δέ, 'aye, and...'

214. ξύμπαντα. Translate:—'throughout.'

216. οὐ γάρ τι—ἔπλετο, 'for there is nought more shameless than a ravening belly.' For the idiom M. compares Thuc. iii 45 ἐπ' αὐτοῖς οὐδὲν ἔλασσον.

217. ἔπλετο—ἐκέλευσεν, aorists of custom.

220. ἐκ—ληθάνει, 'makes me forget outright.'

222. ἅμ' ἠόι φαινομένηφιν. See note on vi 31.

224. καὶ λίποι. The pure optative is here used in a concessive sense. Translate:—'life may even leave me, when I have seen...'

229. κακκείοντες. See note on 188.

232. ἔντεα. Cf. Virgil's *Cerealia arma.*

234. ἰδοῦσα, 'when she saw.'

237. τὸ μέν σε—αὐτή, 'this question I will first ask thee myself,'—double acc. Cf. 243.

238. τίς πόθεν εἰς ἀνδρῶν; 'who art thou amongst men, and whence comest thou?' Cf. Horace's *unde quo veni?*

239. οὐ δὴ φής; 'thou dost not say, dost thou?' ἐπὶ πόντον, 'over the sea.'

248. ἐφέστιον, predicative,—'brought me to her hearth.'

251. ἀπέφθιθεν, 3rd plur. aorist pass. of ἀποφθίνω,—'were killed off.'

255. λαβοῦσα ἐνδυκέως, 'having received me kindly (or zealously).'

257. θήσειν, 'would make,'—a frequent meaning of τίθημι in poetry.

261. μοι, 'for me,'—dat. of person concerned. Cf. 269.

263. ἢ καὶ νόος ἐτράπετ' αὐτῆς, 'or perhaps her own mind was turned.'

274. ἀδινά, 'thickly,' cognate acc. used adverbially. Monro says: The adj. ἀδινός means 'thick,' 'full.' Applied to sound it suggests a 'continuous' or 'thick-coming' cry. It may be connected with ἄδην 'fully,' 'richly.'

276. τόδε λαῖτμα, 'the gulf yonder.'

278. ἔνθα κέ μ'—χέρσου, 'then as I strove to land upon the shore, the wave would have o'erwhelmed me.'

282. λείος πετράων. The gen. is ablatival,—'clear from rocks.' ἔπι σκέπας ἦν. See note on vi 210.

283. ἐκ δ' ἔπεσον, 'and out I was cast.' Note that πίπτω is often used as a passive of βάλλω. ἐπὶ δ' ἤλυθεν, 'and on came...'

286. ἠφυσάμην, 'strewed.' At the end of book v we are told that there was a 'great litter of leaves.'

288. εὗδον παννύχιος. See note on vi 170.

289. δύσετο—ἀνῆκεν, 'the sun sank, when sweet sleep set me free' [B. and L.]. For the mixed aorist see note on vi 78.

292. οὔ τι—ἐσθλοῦ, 'she did not at all come short of a good understanding.'

293. ὡς οὐκ ἂν ἔλποιο—ἐρξέμεν, 'as thou couldst not expect one so young, meeting thee, to act.' Cf. vi 193.

294. ἐρξέμεν, either fut. or aor. infin. of ἔρδω. The verb ἔλπομαι can take either tense.

297. ἀληθείην, predicative,—'as the truth.'

301. ἦγεν ἐς ἡμέτερον, 'essayed to bring thee to our home.'

σὺ δ'—ἱκέτευσας. This would be a γάρ clause in ordinary Greek,—'for thou to her first didst make thy supplication.'

303. μοι, 'I pray.' Cf. vi 199.

305. δείσας αἰσχυνόμενός τε. The aorist denotes the sudden fear that came over him; the present denotes the abiding condition of modesty [M.].

307. φῦλ' ἀνθρώπων, in apposition to 'we.'

309. τοιοῦτον—μαψιδίως κεχολῶσθαι, 'such as to have been angered without cause.'

311. αἲ γάρ—ἐχέμεν—καλέεσθαι. Mark the change of construction. What is begun as a wish is continued as a prayer. Translate:—'would to father Zeus...thou wouldst have my daughter....'

312. τοῖος ἐών—ἐγώ περ, 'being such as thou art (i.e. so goodly) and feeling just as I feel,' i.e. agreeing to stay, just as I should wish thee to do, instead of wishing as now to go home [M.].

314. οἶκον δέ κε—εἴ κ' ἐθέλων γε μένοις. Notice the κε both in protasis and in apodosis. This is unusual, but not incorrect in Homeric Greek.

317. πομπὴν—αὔριον ἐς, 'and now I ordain an escort for thee on a certain day, that thou mayst surely know, and that day the morrow' [B. and L.].

318. τῆμος, 'then,' i.e. when the morrow comes.

319. ἐλάουσι γαλήνην, 'they will row thee over a calm sea,'— acc. of space over which. Note that ἐλάω is a correct future form.

323. λαῶν ἡμετέρων, partitive gen.

Ῥαδάμανθυς. According to iv 564, Rhadamanthus is living in Elysium. There is no clue to the early legend referred to here [M.].

324. ἐποψόμενον, 'to visit.' The future participle is a frequent way of expressing purpose in Greek. Cf. vi 31, 134.

Τιτυὸν Γαιήιον υἱόν, 'Tityus son of Earth.' In xi 576 he is suffering below for his crimes in Phocis. Nothing is known of the object of the visit here mentioned.

326. ἤματι τῷ αὐτῷ, 'on that very day,' in Homeric Greek, coming very near to the ordinary use of ὁ αὐτός.

328. ἀναρρίπτειν, 'at tossing,'—depending on ἄριστοι understood.

331. τελευτήσειεν, pure optative.

332. ἐπὶ ἄρουραν, 'throughout the earth.'

336. ὑπ' αἰθούσῃ. The αἴθουσα was a 'portico' rather than a 'corridor,' as B. and L. take it. It means properly 'that which is open to the sun' (αἴθω). For its position in the Homeric House see illustration facing p. 14. Even guests of distinction were lodged in the αἴθουσα for the night.

339. αἱ δ', i.e. the ἀμφίπολοι.

341. ὤτρυνον δ'. The δέ is 'in apodosis.'

342. ὄρσο, 'stir thyself,'—imperative of the mixed aorist of ὄρνυμι. See vi 78.

κέων (future participle), 'to lie down.' Cf. 324.

345. ἐριδούπῳ, 'echoing,' i.e. to the tramp of horses. See xv 146.

346. λέκτο. With this primitive form of aorist (without connecting vowel), cf. δέκτο, χύτο, ἆλτο, μίκτο.

347. πὰρ δέ—εὐνήν, 'and by him the Queen, his helpmeet, arrayed her bed and her gear,' as William Morris translates it beautifully.

VOCABULARY

ABBREVIATIONS

act.	active.	m.	masculine.
adj.	adjective.	mid.	middle.
adv.	adverb.	neg.	negative.
aor.	aorist.	n.	neuter.
comp.	comparative.	opt.	optative.
contr.	contracted.	pass.	passive.
esp.	especially.	pf.	perfect.
f.	feminine.	pl.	plural.
freq.	frequentative.	prep.	preposition.
gen.	genitive.	pron.	pronoun.
imp.	imperfect.	subj.	subjunctive.
impers.	impersonal.	subst.	substantive.
inf.	infinitive.	superl.	superlative.

ἀγαθός, *brave, good.*
ἀγακλειτός and ἀγακλυτός, *very glorious.*
ἀγάλλομαι, *glory in.*
ἄγαμαι, *admire.*
ἀγαπάζω and ἀγαπάζομαι, *entertain.*
ἀγαπήνωρ, *loving courage, manly.*
ἀγαυός, *proud.*
ἀγγελίη, *message.*
ἀγγέλλω, *tell, report.*
ἄγγελος, *messenger.*
ἀγήραος, contr. ἀγήρως, *ageless.*
ἀγκάς, adv. *with the arms.*
ἀγλαόκαρπος, *with shining fruit.*
ἀγλαός, *bright, sunny; splendid.*
ἀγορίομαι and ἀγορεύω, *harangue.*
ἀγορή, *market-place.*
ἄγριος, *savage.*
ἀγρονόμος, *haunting fields, wild.*
ἀγρός, *field.*
ἀγρότερος, *wild.*

ἄγρωστις, *clover.*
ἄγχι and ἀγχοῦ, *near*, adv. and prep. (with gen.); superl. ἄγχιστα.
ἄγω, *bring, lead;* mid. ἄγομαι, *take with one;* imperative ἄγε, *come!*
ἀδευκής, *ugly.*
ἀδινός, *thick;* adv. ἀδινά, *vehemently.*
ἀδμής, *unwed.*
ἅδοι, aor. opt. of ἀνδάνω, *please.*
ἀεικής and ἀεικέλιος, *unseemly.*
ἀέκητι, *without the will of.*
ἀέκων, *unwilling.*
ἀήμενος, *blown upon, from* ἄημι.
ἀήρ, *lower air; mist.*
ἀθάνατος, *immortal.*
ἀθέσφατος, *boundless.*
αἲ γάρ. *would that...!*
αἶα, *earth.*
αἰγεῖος, *of goat-skin.*
αἴγειρος, *black poplar.*
αἰγίοχος, *aegis-bearing.*

αἴγλη, *bright light.*
αἰδέομαι and αἴδομαι, *stand in awe, shrink from.*
αἰδοῖος, *revered.*
αἰεί and αἰέν, *always, ever.*
αἰθόμενος, *burning,* from αἴθω.
αἴθουσα, *cloister, porch.*
αἴθοψ, *red, sparkling.*
αἴθρη, *clear air.*
αἰνῶς, *terribly.*
αἰπεινός, *lofty.*
αἱρέω, *take, seize;* aor. εἷλον.
αἶσα, *fate.*
αἴσιμος, *fitting.*
αἰσχρός, *base, ugly.*
αἰσχύνομαι, *be ashamed.*
αἰών, *life.*
ἀκηδής, *uncared for.*
ἀκήν, adv. *in silence.*
ἄκοιτις, *wife.*
ἄκουρος, *without a son.*
ἀκούω, *hear, listen to.*
ἀλάομαι, *wander.*
ἄλγος, n. *grief.*
ἀλέγω, *care for.*
ἀλείφω, *anoint.*
ἀλετρεύω, *grind.*
ἀληθείη, *truth.*
ἀλιπόρφυρος, *sea-purple, bright red. ?*
ἅλις, *enough.*
ἀλκή, *strength;* locative, ἀλκί, *in strength.*
ἀλλά, *but.*
ἀλλήλω, *one another.*
ἄλλοθεν, *from elsewhere.*
ἄλλος, *other; besides;* sometimes with ἄλλυδις, *in different directions.*
ἄλμη, *brine.*
ἀλοιφή, *anointing.*
ἅλς, gen. ἁλός, *sea.*
ἄλσος, n. *grove.*
ἀλφήστης, *gain-seeking.*
ἀλωή, *vineyard, orchard.*
ἅμα, adv. *at the same time, withal;* prep. (with dat.), *with, at the same time with.*

ἄμαξα, *cart, wain.*
ἁμαρτάνω, *miss.*
ἀμβρόσιος, *ambrosial.*
ἄμβροτος, *immortal.*
ἀμείβομαι, *answer.*
ἀμείνων, comp. *better.*
ἄμμι, *to us.*
ἄμοτον, adv. *insatiably, unceasingly.*
ἄμπεχεν, *covered,* from ἀμπέχω.
ἀμύμων, *blameless.*
ἀμφάδιος, *open.*
ἀμφήλυθον, *came round.*
ἀμφί, adv. *around.*
ἀμφιβάλλομαι, *throw round one.*
ἀμφιέλισσαι, *rounded* (epith. of ships).
ἀμφίπολος, m. f. *attendant;* adj. *attending.*
ἀμφίς, prep. (with acc.), *about, around.*
ἀμφοτέρωθεν, *from both sides.*
ἄν (i), for prep. ἀνά.
ἄν (ii). See notes on vi 221, 259.
ἀνά, prep. (with acc.), *up, up along, through.*
ἀναβαίνω, *go up.*
ἀνάγκη, *necessity.*
ἀναρρίπτω, *toss up.*
ἄνασσα, *mistress, queen.*
ἀνάσσω, *be lord, reign.*
ἀναχάζομαι, *retreat.*
ἀνδάνω, *please.*
ἄνεμος, *wind.*
ἀνέρχομαι, *come up, grow up;* aor. ἀνήλυθον.
ἄνευθε(ν), prep. (with gen.), *without, away from.*
ἀνέχομαι, *endure, tolerate.*
ἄνεω, pl. *silent.*
ἀνῆκα, *let go,* from ἀνίημι.
ἀνήρ, *man; husband.*
ἄνθος, n. *flower, bloom.*
ἄνθρωπος, *man, human being.*
ἀνίη, *sorrow.*
ἀνίστημι, *make to rise up; remove.*
ἀννέφελος, *cloudless.*

ἄντα and ἄντην, adv. *face to face, openly.*
ἀντιάω, *meet.*
ἀντιβολέω, *meet.*
ἀντίθεος, *godlike.*
ἀντίον, adv. *against, in answer.*
ἀνώγω and ἄνωγα, *bid.*
ἀπάνευθε(ν), *apart.*
ἅπας, pl. ἅπαντες, *all, all together.*
ἄπαστος, *without tasting.*
ἀπείρων, *boundless, deep.*
ἀπέφθιθεν, *were destroyed,* from ἀποφθίνω.
ἀπήμων, *gentle.*
ἀπήνη, *cart, wain.*
ἀπήνυσα, *accomplished a journey,* from ἀπανύω.
ἀπινύσσω, *lack wisdom.*
ἄπιος, *distant.*
ἀπό, prep. (with gen.), *from, away from.*
ἀποβαίνω, *go away.*
ἀποθαυμάζω, *wonder greatly at.*
ἀποκοσμέω, *clear away.*
ἀπολείβομαι, *trickle away.*
ἀπολείπω, *fail.*
ἀπόλλυμι, *destroy.*
ἀποξύω, *smooth down.*
ἀπόπροθεν, *far off.*
ἀποπτύεσκε, freq. *kept washing up.*
ἀποσταδά, adv. *standing aloof.*
ἅπτομαι, *touch.*
ἄρα and ἄρ, *fittingly; then, so; I ween.*
ἀράομαι, *pray.*
ἀραρώς, *fitted,* from ἀραρίσκω.
ἀργαλέος, *hard, difficult.*
ἀργεϊφόντης, *brightly shining,* or *quickly appearing.*
ἀργής, *white, bright.*
ἀργύρεος, *of silver.*
ἀργυρόηλος, *with silver studs.*
ἄργυρος, *silver.*
ἀργυρότοξος, *lord of the silver bow.*
ἀρείων, *nobler, better.*
ἀρημένος, *distressed.*

ἀρηρώς, *fitted, compacted,* from ἀραρίσκω.
ἀρίγνωτος, *well-known.*
ἀριστεύς, *chief.*
ἄριστος, superl. *best.*
ἄρουρα, *corn-land; earth.*
ἁρπαλέως, *greedily.*
ἄρχω, *begin* (also ἄρχομαι); *rule.*
ἄσβ στος, *unquenchable.*
ἀσκός, *wine-skin, bottle.*
ἀσπαστός, *welcome.*
ἄσσα, *whatever things,* from ὅστις.
ἄστυ, n. *town;* ἄστυδε, *to the town.*
ἀσφαλής, *safe, sure.*
ἀτάρ, *but.*
ἀτάσθαλος, *infatuated.*
ἄτερ, prep. (with gen.) *without.*
ἀτερπής, *joyless.*
ἀτιμάζω, *scorn, flout.*
ἀτρύγετος, *unharvested.*
ἀτρυτώνη, f. *unwearied one.*
αὖ, *again; in answer.*
αὐγή, *light.*
αὐδάω, *speak.*
αὐδήεις, *speaking with human voice.*
αὖτε, *again.*
αὖθι, *on the spot.*
αὐλή, *court.*
αὔριον, *the morrow.*
αὐτάρ, *but.*
αὖτε, *again; in answer.*
αὐτή, *shout.*
αὐτίκα, *at once, immediately.*
αὐτόθι, *here, on the spot.*
αὔτως, *just as one was; even so.*
ἀύω, *shout.*
ἄφαρ, *at once.*
ἀφίημι, *drop, shed.*
ἀφῖχθαι, *to have come.*
ἀφραδέω, *be witless.*
ἄφρων, *foolish.*
ἀχλύς, *mist.*
ἄχνυμαι, *grieve.*

βαθύς, *deep.*

βαίνω, *go;* aor. ἔβην.
βάλλω, *throw; shoot* (with acc. of person).
βαρύς, *heavy, grievous.*
βασίλεια, *queen, princess.*
βασιλεύς, *king.*
βασιλεύω, *be king.*
βεβήκει, *had gone,* from βαίνω.
βεβλήατο, *had been thrown,* from βάλλω.
βέλτερος, comp. *better.*
βιάομαι, *compel, crush.*
βίη, *strength.*
βιός, *bow.*
βοάω, *shout.*
βόθρος, *hole.*
βουλεύω, *counsel, advise.*
βουλή, *counsel.*
βοῦς, m. f. *ox, cow.*
βρίθω, *prevail;* aor. ἔβρισα.
βρῶσις, *food.*
βωμός, *altar; pedestal.*

γαῖα, *earth.*
γαλήνη, *calm.*
γαμβρός, *son-in-law.*
γάμος, *marriage.*
γανάω, *gleam.*
γάρ, *for.*
γαστήρ, *belly.*
γε, *at least, at any rate.*
γεγάασι, *have been born.*
γέγωνα, *make oneself heard.*
γεινάμην, *bare, begat.*
γένος, n. *race, family.*
γέρας, *prize, prerogative.*
γέρων, *old man.*
γηθέω, *be glad.*
γηράσκω, *grow old.*
γίγνομαι, *become; be born.*
γλαυκῶπις, *grey-eyed.*
γλυκερός and γλυκύς, *sweet.*
γόνυ, *knee;* pl. γούνατα, γούνων.
γουνοῦμαι, *supplicate.*
γρηῦς, *aged dame.*
γυῖα, n. pl. *limbs.*
γυμνόομαι, *strip.*
γυνή, *lady, wife.*

δαίμων, *deity, divine power.*
δαίνυμαι, *feast.*
δαΐς, (i) *torch,* gen. δαΐδος.
δαίς, (ii) *banquet,* gen. δαιτός.
δαίτη, *feast.*
δαιτύμων, *feaster.*
δαΐφρων, *wise.*
δαίω, *set alight;* δαίομαι, *burn* (intrans.).
δάκρυ, *tear.*
δαμείς, *subdued,* from δαμάω.
δάος, n. *torch.*
δέατο, *it was seeming;* δεάσσατο, *it seemed.*
δέδαεν, *has taught.*
δεδμημένος, *subdued,* from δαμάω.
δειδέχαται, *welcome* (conn. with δείκνυμι).
δείδοα (contr. δείδω), *fear.*
δείκνυμι, *point out, show.*
δεινός, *terrible, dread.*
δεῖπνον, *dinner, repast.*
δείσας, *having feared,* from δείδω.
δέκα, *ten.*
δέκατος, *tenth.*
δέμας, *form.*
δέμνια, n. pl. *bed.*
δέμω, *build.*
δένδρεον, *tree.*
δέος, n. *fear.*
δέπας, *cup.*
δέσποινα, *mistress.*
δεύεσκον, freq. *was bedewing.*
δεύομαι, *lack, want.*
δεύω, *moisten.*
δέχομαι, *receive, welcome.*
δή, *indeed.*
δήεις, *thou wilt find,* subj. with fut. meaning.
δηθά, *long.*
δηιοτής, *hostility.*
δῆμος, *district, land; people, community.*
δήν, *long.*
ξηρόν, *long.*
διά, prep. (with gen. and acc.), *through.*
διαμπερές, *right round.*

διασκεδάννυμι, *scatter abroad.*
δίδωμι, *give.*
διερός, *lithe, quick, living.*
διέρχομαι, *come through.*
διέτμαγον, *cleft,* from διατμήγω.
διηνεκέως, *at full length, right through.*
διϊπετής, *fallen from heaven.*
δίκαιος, *righteous.*
δινήεις, *eddying.*
δῖνος, *eddy.*
δῖος, *bright, goodly.*
διοτρεφής, *heaven-nurtured.*
δμωαί, *female servants.*
δμῶες, *men-servants, thralls.*
δολόεις, *crafty.*
δόμος, *house.*
δορπέω, *sup.*
δόρπον, *supper.*
δορυ, *spear; shaft.*
δός, δότε, aor. imperative of δίδωμι, *give.*
δόσις, *gift.*
δύο and δύω, *two.*
δύσετο, *set* (of the sun).
δύσζηλος, *jealous.*
δυσμενής, *hostile.*
δύσμορος, *hapless.*
δύστηνος, *wretched.*
δύω and δύνω, *enter; set* (of sun).
δῶμα and pl. δώματα, *house, palace.*
δῶρον, *gift.*

ἑ, enclit. *him.*
ἐγγύθεν, *from nigh.*
ἐγγύθι and ἐγγύς, *near* (with gen.).
ἐγεινάμην, *bore, begat.*
ἐγείρω, *rouse, awake.*
ἐγκονέω, *bustle.*
ἔγνων, *knew,* from γιγνώσκω.
ἐγρόμην, *woke up,* from ἐγείρω.
ἐγώ and ἐγών, *I.*
ἐδάσσατο, *allotted,* from δαίνυμι.
ἐδείματο, *built,* from δέμω.
ἐδητύς, *food.*
ἕδος, n. *seat.*
ἑδριάομαι, *sit.*

ἔδω, *eat.*
ἐδωδή, *food.*
ἔδωκα, *gave,* from δίδωμι.
ἕ(ε)δνα, n. pl. *bridal gifts.*
(ἐ)εικοστός, *twentieth.*
(ἔ)ειπον, *said, spoke.*
ἐέργω, *close.*
ἕζομαι, *sit.*
ἔην, *was,* from εἰμί.
ἐθέλω, *will, wish.*
εἰ, *if.*
εἴα, *was allowing,* from ἐάω.
εἴδατα, n. pl. *viands.*
εἰδῇς, subj. of οἶδα.
εἰδήσω, fut. of οἶδα *know.*
εἴδομαι, *be like.*
εἶδος, n. *form, beauty.*
εἰδώς, partic. of οἶδα, *know.*
εἰκώς, *like.*
εἰλήλουθα, *have come,* from ἔρχομαι.
εἵλοντο, *took to themselves,* from αἱρέω.
εἰλόπεδον, *drying place.*
εἴλυμα, *covering.*
εἷμα and pl. εἵματα, *raiment.*
εἰμί, *be.*
εἶμι, *go; will go.*
εἰν, *in,* prep. (with dat.).
εἵνεκα, *on account of,* prep. (with gen.).
εἶπον, *said,* aor. of φημί.
εἴρομαι, *ask.*
εἰρύαται, *have been drawn up,* from ἐρύω.
εἷς, *thou art,* from εἰμί.
εἰς and ἐς, prep. (with acc.), *into, to;* εἰς ὅ κε(ν), *until.*
εἷς, μία, ἕν, *one.*
εἷσα, aor. of ἕζω, *seat, set, settle,* imperat. εἷσον.
εἰσ(θμη, *entrance.*
ἔïσκω, *liken.*
εἰσοιχνέω, *enter.*
εἰσοράω, *look upon.*
ἔïσος See ἴσος.
εἴσω, aor. and prep. (with gen.), *within.*

ἐκ and ἐξ, prep. (with gen.), out of, from; rarely denoting agent, by.
ἑκάς, far; comp. ἑκαστέρω.
ἕκαστος, each.
ἑκάτερθε(ν), on either side.
ἑκατόμβη. hecatomb.
ἐκβαίνω, get out.
ἐκγεγαώς, born of.
ἐκίρνα, impf. of κιρνάω, mix.
ἐκπεράω, cross over.
ἐκτός and ἔκτοσθεν, outside.
ἐλαία, olive.
ἔλαιον, oil.
ἐλαύνω and ἐλάω, drive; draw; lay out; row.
ἔλαφος, f. deer.
ἐλεαίρω, pity.
ἐλεεινός, worthy of pity.
ἐλήλαται, has been laid out, from ἐλαύνω.
ἕλοντο, took to themselves; ἑλών, having taken, from αἱρέω.
ἔλπω, expect, hope.
ἐλπωρή, hope.
ἐμβάλλω, throw in, throw on.
ἐμέθεν, from me.
ἐμεῖο, of me.
ἔμμεναι, inf. to be, from εἰμί.
ἐμός, my.
ἔμπεδος, whole; adv. ἔμπεδον, continuously.
ἔμπης, nevertheless.
ἐν, in, prep. (with dat.); adv. inside.
ἐναίσιμος, fitting.
ἐναλίγκιος, like.
ἐναργής, clear to see.
ἔνδον, adv. within.
ἐνδυκέως, duly, kindly.
ἐννῆμαρ, period of nine days.
ἔνθα, there; where; ἔνθα καὶ ἔνθα, this way and that.
ἐνθάδε, here.
ἔνθεν, thence; whence.
ἐνί. See ἐν.
ἐνιπλησθῆναι, from ἐμπίμπλημι, fill.

ἐννοσίγαιος, earth-shaker.
ἕννυμι, put on, clothe.
ἐνοσίχθων, earth-shaker.
ἔντεα, n. pl. utensils.
ἐντίθημι, place on.
ἐντός, adv. within.
ἐντύνομαι, prepare.
ἐξαιρέω, take out; choose out.
ἑξείης, in order.
ἐξέρομαι, ask.
ἐξονομαίνω, call by name.
ἔξοχον, adv. above.
ἔοικα, be like; impers. it seems, it is seemly.
ἑός and ὅς, his own, his.
ἔπαθον, suffered, endured, from πάσχω.
ἐπαινέω, commend.
ἐπάρχομαι, begin again (with the cups).
ἐπεί, when, since.
ἔπειτα, then, next.
ἐπέοικε, impers. it is meet.
ἐπέρχομαι, come to.
ἔπεσον, fell; was cast, from πίπτω.
ἐπέσσυτο, sped to, from ἐπισεύω.
ἐπετήσιος, through the year.
ἐπηετανός, unfailing; adv. ἐπηετανόν.
ἐπήν, whenever.
ἐπί, prep. (with acc.), to, over; (with gen. and dat.), upon, at.
ἐπιβαίνω, get on to, reach.
ἐπιβάλλω, lay on.
ἐπιδέδρομε, runs up, from ἐπιτρέχω.
ἐπιζαφελῶς, violently.
ἐπίκειμαι, be set to.
ἐπικρῆσαι, mix fresh wine, from ἐπικεράννυμι.
ἐπιμίσγομαι, mingle with.
ἐπιπίλναμαι, be sprinkled.
ἐπιπλόμενος, coming round, from ἐπιπέλω.
ἐπισκύζομαι, be angry.
ἐπίσταμαι, know.
ἐπίστιον, dock, slip.

ἐπιτίθημι, *place upon.*
ἐπιτρέπω, *hand on.*
ἐπιφροσύνη, *thoughtfulness.*
ἐπιχέω, *pour upon.*
ἔπλετο, *was,* from πέλω.
ἐποίχομαι, *travel.*
ἔπος, n. *word.*
ἐποτρύνω, *urge on.*
ἐποψόμενος, *about to visit,* from
  ἐφοράω.
ἑπτά, indecl. *seven.*
ἑπτάετες, *period of seven years.*
ἔπω, *handle;* ἕπομαι, *follow.*
ἐπώνυμος, *given as a name.*
ἐπῶρσα, *sped upon,* from ἐπόρ-
  νυμι.
ἐραννός and ἐρατεινός, *lovely.*
ἔργον, *deed, work;* pl. ἔργα, *till-
  age.*
ἔργω, *keep in, protect.*
ἔρδω, *do, make.*
ἐρεείνω, *ask.*
ἐρετμόν, *oar.*
ἐρέω, *will say.*
ἐρηρέδατο, *had been set,* from
  ἐρείδω.
ἐρίδουπος, *loud echoing.*
ἔρις, *strife, rivalry.*
ἕρκος, n. *enclosure, close.*
ἔρνος, n. *shoot, scion.*
ἔρομαι, *ask, ask for.*
ἐρύκω, *detain.*
ἔρχομαι, *come.*
ἔς. See εἰς.
ἔσασθαι, aor. infin. of ἕννυμι,
  put on.
ἐσθής, *raiment.*
ἐσθίω and ἔσθω, *eat.*
ἐσθλός, *good, brave.*
ἕσπετο, *followed,* from ἕπομαι.
ἔσσα, *put on;* ἔσσατο, *he put
  on himself,* from ἕννυμι.
ἐσσί, *thou art,* from εἰμί.
ἕστασαν, *had been placed,* from
  ἵστημι.
ἐσφέρω and ἐσφορέω, *bear into.*
ἐσχάρη, *hearth.*
ἔσχατος, *last, farthest off.*

ἔσω. adv. and prep. (with gen.),
  within.
ἑταῖρος, *comrade.*
ἕτερος, *one; other.*
ἑτέρωθεν, *on the other side.*
ἔτι, *still, yet.*
ἔτλην, aor. of τλάω, *endure,
  have the heart.*
ἔτος, n. *year.*
ἐτραπόμην, *was turned,* from
  τρέπω.
εὖ and εὔ, *well.*
εὔδμητος, *well-built.*
εὔθρονος, *fair-throned.*
εὐκτίμενος, *well-built.*
εὔκυκλος, *well-wheeled.*
εὐμενέτης, *kind, favourable.*
εὐνή, *bed.*
εὔννητος, *well-spun.*
εὔξεστος, *well-polished.*
εὔπεπλος, *fair-robed.*
ἐυπλόκαμος, *fair-tressed.*
εὑρίσκω, *find.*
εὐρυάγυια, f. *with broad streets.*
εὐρύς, *wide, broad.*
εὐρύχορος, *fair-lawned.*
ἐύσκοπος, *keen-sighted.*
εὖτε, *when.*
ἐύτροχος, *well-wheeled.*
εὐφροσύνη, *joyousness.*
εὔχομαι, *pray.*
εὐῶπις, f. *fair-faced.*
ἐφάμην and ἔφην, aor. of φημί,
  say.
ἐφέστιος, *to one's hearth.*
ἐφήμενος, *seated on,* from ἔφημαι.
ἐφοπλίζω, *prepare, equip.*
ἐφορμάω, *send upon.*
ἐφύπερθε, *above.*
ἔχεα and ἔχευα, aor. of χέω,
  pour.
ἔχω, *have, hold;* freq. ἔχεσκον,
  were having.
ἐών, partic. of εἰμί, *be.*

ζάω, *live.*
ζείδωρος, *grain-giving.*
ζεύγνυμι, *yoke.*

ζεφυρίη, *zephyr.*
ζυγόν, *yoke.*
ζῶστρον, *girdle.*
ζώω, *live.*

ἦ, *surely, truly.*
ἡγέομαι and ἡγεμονεύω, *lead, guide.*
ἡγήτωρ, *leader.*
ἠδέ, *and.*
ἤδη, *now, already.*
ἦ, *he spoke,* from ἠμί.
ἦ, *surely.*
ἦ and ἠέ, *whether...or.*
ἧατο or ἧντο, *were seated,* from ἧμαι.
ἡδύς, *sweet.*
ἠέ, and ἤ, *either...or.*
ἠέλιος, *sun.*
ἦεν, *was,* from εἰμί.
ἠέρα. See ἀήρ.
ἦιε, *was going,* from εἶμι.
ἤιθεος, *youth.*
ἠιών, *beach, shore.*
ἧκε, *let go,* from ἵημι.
ἠλάκατα, n. pl. *yarn.*
ἧμαι, *sit;* ἥμενος, *sitting.*
ἦμαρ, n. *day.*
ἤμβροτον, *missed,* from ἁμαρτάνω.
ἡμέτερος, *our.*
ἡμιόνειος, *of mules.*
ἡμίονος, *mule.*
ἦμος, *when, while.*
ἡνία, n. pl. *reins.*
ἡνιοχεύω, *hold reins, drive.*
ἤνωγον, *they bade,* from ἀνώγω.
ἧος, *until.*
ἥρως, *hero.*
ἧσται, *sits,* ἧστο, *sat,* dual ἥσθην, *they two sat,* imperative ἧσθε, *sit,* inf. ἧσθαι, *to sit,* from ἧμαι.
ἦτορ, n. *heart.*
ἠφυσάμην. *scattered for oneself,* from ἀφύσσω.
ἧχι, *where.*
ἠῶθι, *in the morning.*

ἠώς, f. *dawn, morning.*

θαλαμηπόλος, *woman of bedchamber.*
θάλαμος, *chamber, bower.*
θάλασσα, *sea.*
θαλέθω, *bloom.*
θαλερός, *blooming.*
θάλος, n. *shoot, scion.*
θάμνος, *bush.*
θαρσαλέος, *courageous.*
θάρσος, n. *courage.*
θαῦμα, *wonder.*
θαυμάζω, *wonder; wonder at.*
θεά, *goddess.*
θέμεναι, aor. inf. of τίθημι, *place.*
θεοειδής, *godlike.*
θεός, m. f. *god; goddess.*
θεουδής, *god-fearing.*
θέρος, n. *summer.*
θεσπέσιος and θέσφατος, *wondrous.*
θηέομαι, *behold; wonder at.*
θῆλυς. *female; shrill.*
θίς, θινός, *shore, beach.*
θνήσκω, *die.*
θνητός, *mortal.*
θοός, *swift.*
θοῶς, *swiftly.*
θριγκός, *cornice.*
θρίξ, gen. τριχός, *hair.*
θρόνος, *chair, throne.*
θυγάτηρ, *daughter.*
θύελλα, *storm, squall.*
θυμηγερέων, *rallying one's spirit.*
θυμος, *soul, heart, spirit.*
θύρα, *door.*
θύραζε, *out of doors.*

ἰαίνω, *cheer, encourage.*
ἴδρις, *skilful.*
ἰδυῖα, f. partic. *knowing,* from οἶδα.
ἴδωμαι, aor. subj. mid. of ὁράω, *see.*
ἱερά, n. pl. *sacrifices.*
ἱερός, *fresh, strong; holy.*
ἵζω, *set down, cause to sit.*

ἵημι, send.
ἴθι. imperat. of εἶμι, go.
ἱκάνω. come; come to.
ἱκετεύω, supplicate.
ἱκέτης, suppliant.
ἱκνέομαι, come; come to.
ἵκω, come; come to.
ἱμάσθλη, lash.
ἱμάσσω, lash.
ἴμεν, infin. of εἶμι, go.
ἵνα, in order that; where; when.
ἰότητι, by the will of
ἰοχέαιρα, f. arrow-pouring.
ἱρός. See ἱερός.
ἴσαν, they went, from εἶμι.
ἰσόομαι, compare oneself with.
ἴσος, equal; balanced.
ἴστε, ye know and know ye, from
   οἶδα.
ἵστημι, place, set; stop, stay;
   ἵσταμαι and intrans. tenses,
   stand.
ἱστός, loom; mast.
ἰσχανάομαι, refrain oneself.
ἴχνια, n. pl. footsteps.

κάδ, for κατά, down.
καθαίρω, cleanse.
καθαρός, clean.
καθέζομαι and κάθημαι, sit down.
καθύπερθε(ν), above.
καί, and; also; even.
καιρούσσεοι, pl. fine-woven.
κακκείω, wish to lie down.
κακός. bad, evil; comp. κακώ-
   τερος. of the baser sort; subst.
   κακόν, evil.
κακόω, foul, mar.
καλέω, call, summon.
κάλλος, n. beauty.
καλός, fair, beautiful; noble;
   comp. καλλίων.
κάλπις, pitcher.
κάματος, toil, fatigue.
καναχή, rattle, noise.
κάπρος, boar.
κάρη, n. head, gen. κάρητος.

κάρηνον, head; peak.
καρπαλίμως, swiftly.
καρπός, fruit.
κάρτος. n. strength.
κασίγνητος, brother.
κατά. prep. (with acc.), along,
   throughout, on, in; (with gen.)
   down from.
καταβαίνω, descend.
καταβάλλω, throw down.
καταδέω, bind down.
κατακείω. wish to lie down.
κατακρύπτω, hide.
καταλέγω, recount.
κατατίθημι, set down.
καταχέω. pour over.
κατέδραθον, slept, from κατα-
   δαρθάνω.
κατῶρυξ, embedded in earth.
κε and κεν. See notes on vi 28,
   37, 259.
κεάζω. split.
κεῖμαι, lie; be set.
κεῖνος, he; that.
κεῖσε, thither.
κέκασμαι, excel.
κέκλετο, called, from κέλομαι.
κεκλημένος, called, from καλέω.
κέκλυτε, hear! from κλύω.
κεκύθωσι, cover, from κεύθω.
κέλευθος, f. road, path; progress.
κελεύω. bid.
κέλομαι, bid.
κερασσάμενος, having mixed,
   from κεράννυμι.
κεραυνός, lightning, thunderbolt.
κερδαλέος, profitable; cunning;
   comp. κερδίων, more profitable.
κερτομέω, taunt.
κέων. wishing to lie down.
κεφαλή. head.
κεχαρισμένος, beloved.
κήδομαι, grieve.
κῆδος, n. woe.
κῆπος, garden.
κῆρ. n. heart.
κήρ, n. death, fate.
κῆρυξ, herald.

κίον, *they went;* κίε, *go;* κιών, *going.*

κίστη, *box.*

κιχάνω, aor. ἔκιχον; aor. mid. κιχησάμην, *come upon, find.*

κίων, *pillar.*

κλειτός, *famous.*

κλέος, n. *glory.*

κλίνω, *bend, incline.*

κλῦθι, *hear!* from κλύω.

κλυτός, *famous.*

κλύω, *hear.*

κλῶθες, *threads.*

κοιμάομαι, *go to sleep, sleep.*

κοῖτος, *bed, sleep.*

κόμαι, f. pl. *locks.*

κομέω. *tend.*

κομίζομαι, *bring home, rescue.*

κονίη, *dust;* κονίαι, *ashes.*

κορώνη, *door-ring.*

κοσμέω. *arrange, prepare.*

κοσμητός, *trim.*

κούρη, *maiden; daughter.*

κοῦρος, *boy, youth.*

κραιπνός, *swift.*

κρατερῶνυξ, *strong-hoofed.*

κράτος, n. *strength.*

κρείσσων, comp. *better.*

κρήτηρ, *mixing-bowl.*

κρήδεμνον, *head-gear.*

κρήνη, *spring, fountain.*

κτῆμα, *possession,* usu. in pl.

κτῆσις, f. *property.*

κύανος, *blue.*

κῦμα, *wave.*

κύντερος, comp. *more shameless.*

κύων, *dog.*

λᾶας, *stone;* dat. pl. λάεσσι.

λάϊγγες, *pebbles.*

λαῖτμα, *depth, gulf.*

λαμβάνω, *take, seize.*

λαός, *people,* also in pl.

λέβης, *basin.*

λειμών, *meadow.*

λεῖος, *smooth.*

λείπω, *leave.*

λέκτο, *lay,* from λέγομαι.

λέξεαι, *thou shalt lie,* from λέγομαι.

λεπτος, *fine-spun; narrow.*

λευκός, *white.*

λευκώλενος, *white-armed.*

λευρός, *smooth.*

λεύσσω, *look at, see.*

λέχος, n. *bed.*

λέων, *lion.*

ληθάνω, *make forget.*

λήκυθος, *oil-flask.*

λιαρός, *warm, gentle.*

λιμήν, *harbour.*

λίνον, *thread.*

λίπα, *with oil* (instrumental case).

λίσσομαι, *pray.*

λιτανεύω, *pray.*

λοιβή, *libation.*

λούω, *wash.*

λύω, *loose; settle* (*quarrel*).

μάκαρ, *happy, blessed;* superl. μακάρτατος.

μακεδνός, *tall.*

μακρός, *long;* adv. μακρόν, *loud.*

μάλα, *very; much.*

μᾶλλον, comp. *rather; more.*

μαστίζω, *lash.*

μάστιξ, *whip.*

μαψιδίως, *in vain.*

μεγάθυμος and μεγαλήτωρ, *great-hearted.*

μέγαρον, *hall; chamber.*

μέγας, *great;* adv. μέγα, *greatly.*

μέγεθος, n. *size.*

μέδων, *lord, counsellor.*

μεθήμων, *careless.*

μέθυ, *wine.*

μείζων, comp. *greater, taller.*

μειλίχιος. *gentle.*

μέλας, *black, dark.*

μελιηδής, *honey-sweet.*

μελίφρων, *honey-hearted.*

μέλλω, *be about to, be like to.*

μέλω, *be a care to;* pf. μέμηλα; imperat. μελέτω.

μέν, *indeed, verily.*

μενεαίνω, *rage.*
μενοεικής, *satisfying.*
μενοινάω, *desire.*
μένος, n. *strength, courage.*
μένω, *remain; wait for.*
μερμηρίζω, *ponder.*
μεσσηγγύ(s), *in the middle, meantime.*
μέσσος. See μέσος.
μετά, prep. (with acc.) *after;* (with dat.) *among;* μετὰ χερσίν, *in the hands.*
μεταλλάω, *enquire.*
μεταπρέπω, *shine among.*
μεταυδάω, *speak among.*
μετέρχομαι, *come among.*
μέτωπον, *forehead.*
μευ, *of me.*
μή, *not; lest.*
μήδεα, n. pl. *counsels.*
μηλέη, *apple-tree.*
μῆλον (i), *apple.*
μῆλον (ii), *flock of sheep.*
μηλοψ, *yellow.*
μήν, *indeed, verily.*
μήτηρ, *mother.*
μητιάω, *counsel, plan.*
μίγνυμαι, *be united.*
μίμνω, *remain.*
μιν, *him, her, it.*
μίσγομαι, *mingle, associate with.*
μνάομαι, *woo.*
μνήσομαι and μνησαίατο, from μιμνήσκομαι, *remember.*
μογέω, *toil, suffer.*
μοῖρα, *share;* κατὰ μοῖραν, *suitably.*
μολπή, *sport (with music and dance).*
μοῦνος, *alone.*
μυθέομαι, *speak.*
μῦθος, *word; talk, counsel.*
μύλη, *mill-stone, mill.*
μυχός, *recess.*
μωμεύω, *blame.*

ναιετάω, *dwell.*
ναίω, *dwell; be situated.*

ναῦς. See νηῦς.
ναυσικλειτός, *famed for ships.*
νάω, *flow.*
νέηνις, *maiden.*
νείατος, *lowest.*
νεικέω, *chide.*
νεῖκος, n. *quarrel.*
νεῖμον, aor. imperat. of νέμω.
νεμεσάω, *be wroth.*
νέμω, *deal out, dispense.*
νέομαι, *return.*
νεόπλυτος, *newly-washed.*
νέος, *young, fresh;* νεώτερος, *younger.*
νέω, *spin.*
νηός, *temple.*
νήπιος, *young, feeble.*
νῆσος, f. *island.*
νηῦς, *ship.*
νήχω and νήχομαι, *swim.*
νίζω and νίζομαι, *wash.*
νοέω, *observe, think of.*
νόημα, *thought.*
νόος, *mind, sense.*
νόστιμος, *returning, of return.*
νόστος, *return.*
νυ and νυν, enclit. *then, surely.*
νύμφη, *nymph.*
νυμφίος, *newly married.*
νῦν, *now.*
νύξ, f. *night.*
νωμάω, *deal out, distribute.*
νῶτον and pl. νῶτα, *back.*

ξανθός, *yellow, fair-haired.*
ξεινίζω, *entertain.*
ξεῖνος, *stranger.*
ξεστός, *polished.*
ξυμβάλλομαι, *meet.*
ξύνειμι, *be with.*
ξυνίημι, *understand.*

ὁ, ἡ, τό, article, often as demonstr. in Homer.
ὀγδόατος, *eighth.*
ὄγχνη, *pear.*
ὅδε, ἥδε, τόδε, *this, this here.*
ὁδίτης, *wayfarer.*

ὁδός, f. *road, way.*
ὅθεν, *whence.*
ὅθι, *where.*
ὀθονέαι, pl. *fine linen.*
οἱ, *to him, to himself.*
οἶδα, *know.*
ὀιζύς, *woe.*
οἴκαδε and οἶκόνδε, *home, homeward.*
οἰκέω, *dwell.*
οἶκος, *house; household; home.*
οἰνοποτάζω, *quaff wine.*
οἶνος, *wine.*
οἶνοψ, *wine-dark.*
οἶος, *alone.*
οἷος, *such as.*
ὄις, *sheep.*
ὀίω, *think. forbode.*
ὀκτωκαιδέκατος, *eighteenth.*
ὄλβιος, *happy, blessed;* subst.
    ὄλβια, *blessings.*
ὄλβος, *bliss, prosperity.*
ὀλίγος, *small.*
ὄλλυμι, *destroy;* ὄλλυμαι and
    ὄλωλα, *be destroyed, be lost.*
ὄμβρος, *rain.*
ὁμηλικίη, f. *sameness of age;
    companion.*
ὁμοῖος, *like.*
ὁμοφρονέω, *be in harmony.*
ὁμοφροσύνη, *harmony.*
ὄμφακες, *unripe grapes.*
ὁμώνυμος *of the same name.*
ὄνειδος, n. *taunt.*
ὄνειρον, *dream.*
ὄνομα and οὔνομα, *name.*
ὀνομαίνω, *address.*
ὀπάζω, *grant.*
ὀπηδέω, *attend.*
ὄπισθε(ν), *behind.*
ὀπίσ(σ)ω, *backward; hereafter.*
ὅπλα, n. pl. *tackling.*
ὁπλέω, *prepare.*
ὁπλότερος, *younger;* ὁπλότατος,
    youngest.
ὅπ(π)ως, *how; in order that; as,
    according as.*
ὀπυίω, *be married.*

ὁράω, *see.*
ὀρεσίτροφος, *mountain-bred.*
ὀρίνω, *stir up.*
ὁρμαίνω, *ponder.*
ὁρμάω, *set in motion;* ὁρμάομαι,
    rush.
ὄρνυμι, *rouse;* ὄρνυμαι, *rise,
    bestir oneself.*
ὄρος, n. *mountain.*
ὄρσεο and ὄρσο, *bestir thyself,*
    from ὄρνυμι.
ὄρχατος, *orchard.*
ὄρχος, *row (of vines).*
ὅς, ἥ, ὅν, *his own.*
ὄσσε, *two eyes.*
ὅσ(σ)ος, *how great, as great as;*
    pl. *as many as.*
ὅστις, ἥτις, ὅτ(τ)ι, *who, whoever.*
ὅτε, *when.*
ὅτις, *whoever.*
ὀτρύνω, *urge;* ὀτρύνομαι, *bestir
    oneself.*
ὅττι, *whatever.*
οὐ, οὐκ, οὐκί, οὐχί, *not.*
οὐδέ, *nor, neither; not even.*
οὐδός, *threshold.*
οὖλος, *thick.*
οὖν, *therefore, then.*
οὕνεκα, *therefore; because.*
οὔποτε, *never.*
οὐρανίωνες, *dwellers in heaven.*
οὐρανός, *heaven;* οὐρανόθε(ν),
    from heaven.
οὔρεα, n. pl. *mountains.*
οὖρος, *favouring breeze.*
οὔτε, *neither, nor.*
οὗτος, αὕτη, τοῦτο, *this.*
οὕτω(s), *thus, so.*
ὀφθαλμός, *eye.*
ὄφρα, *in order that; while, as
    long as.*
ὀχέω, *bear, suffer.*
ὄχθη, *bank.*
ὄψα, n. pl. *dainties.*
ὀψέ, *late.*

παίζω, *play, sport.*

πάις and παῖς, *boy, son.*
πάλαι, *long ago.*
παλαιός, *old, ancient.*
πάλιν, *back, back again.*
παννύχιος, *all the night through.*
παντοῖος, *of every kind.*
πάππα, *papa, father.*
πάρ, for παρά.
παρά, adv. and prep. (with acc.), *beside, along;* (with dat.), *by, near;* (with gen.), *from.*
παραμείβομαι, *pass by.*
παρέχω, *afford, give.*
παρθενικός, *maidenly, youthful.*
παρθένος, f. *maiden.*
παρίσταμαι, *stand by.*
πάροιθε(ν). adv. *before, in front.*
πάρος, *formerly, before;* sometimes with inf. *before that.*
πᾶς, *all, every.*
πάσσων, *thicker, stouter.*
πάσχω, *endure, suffer.*
πατήρ, *father.*
πάτρη, *fatherland.*
πατρίς, adj. *native (land);* also used as subst.
πατροκασίγνητος, *father's brother.*
παύω, *stop;* παύομαι, *cease.*
πεζός, adj. *on foot.*
πείθω, *persuade;* mid. *obey; trust.*
πειράω and πειράομαι, *try; make an attempt on.*
πεῖσμα, *stern-cable.*
πείσομαι, fut. of πάσχω, *suffer.*
πελάζω, *bring near.*
πέλω, *be;* πέλομαι, *be in motion; be.*
πέμπω, *send, escort.*
πένθος, n. *grief.*
πέντε, indecl. *five.*
πεντήκοντα, *fifty.*
πέπλος, *robe.*
πεποιθώς, *trusting in,* from πείθομαι.
πέπταμαι, pf. pass. of πετάννυμι, *spread.*

πέρ, *verily, even, by all means; although.*
περάω, *traverse.*
πέρι, adv. *exceedingly;* περί, prep. (with acc. and dat.), *round, about;* περὶ πάντων, *above all.*
περικαλλής, *very beautiful.*
περιμήκετος, *very high.*
περιμηχανάομαι, *contrive around.*
περιχέω, *pour round.*
πέσσω, *ripen.*
πετάννυμι, *spread.*
πέτρη, *rock.*
πέφραδον, from φράζω, *point out.*
πεφύασι and πεφύκασι, *grow,* from φύω.
πηγή, *spring, fountain.*
πηδός, *oar-blade.*
πίμπλημι, *fill.*
πίνω, *drink.*
πίπτω, *fall.*
πίσεα, n. pl. *meadows.*
πλαγχθείς, *having wandered,* from πλάζομαι.
πλέω, *sail.*
πλέων and πλείων, *more.*
πλησίον, *near.*
πλίσσομαι, *stride.*
πλυνός, *basin, trough.*
πλύνω, *wash.*
πνείω, *breathe.*
πνοιή, *breath.*
πόθεν, *whence...?*
ποθεν, enclit. *from somewhere.*
ποιέω, *make;* ποιέομαι, *make for oneself.*
ποιήεις, *grassy.*
ποικιλομήτης, *rich in counsel.*
πολιός, *white.*
πόλις and πτόλις, *city;* πόλινδε, *to the city.*
πολίτης, *citizen.*
πολυάρητος, *much prayed to.*
πολυδαίδαλος, *richly-wrought.*
πολύδεσμος, *firmly bound.*
πολύκαρπος, *very fruitful.*

πολύκλυστος, *much surging.*
πολύμητις, *rich in devices.*
πολύς, *much, many;* πολύ, adv. *much.*
πολύτλας, *much-enduring.*
πομπή, *escort.*
πόνος, *toil, pain.*
ποντοπορεύω, *travel by sea.*
πόντος, *sea.*
(ἔ)πορον, *gave, bestowed.*
πορσύνω, *provide.*
πορφύρεος, *purple, bright red.*
πόσε, *whither?*
πόσις, m. *husband.*
πόσις, f. *drink.*
ποταμός, *river.*
ποτε, *ever; once on a time.*
ποτί = πρός.
ποτιδέγμενος, *waiting for,* from προσδέχομαι.
ποτικέκλιται, from προσκλίνω, *lean against.*
πότνια, *mistress, lady.*
που, *anywhere, somewhere; I ween.*
πούς, *foot.*
πράπιδες, *thoughts, mind.*
πρασίη, *garden-bed.*
πρίν, *before; until.*
πρό, adv. and prep. (with gen.), *before; early.*
προγενέστερος, comp. *elder.*
προέηκα, *sent forward,* from προίημι.
προέχω, *project.*
πρόθυρον, *gate-way.*
πρός, prep. (with acc.), *to;* (with gen.), *on the side of, from.*
προσαυδάω, *speak to.*
προσέφην, *spoke to,* from πρόσφημι.
πρόσθε(ν), adv. and prep. (with gen.), *before.*
προτιόσσομαι, *look upon.*
προφέρω, *display.*
πρόχοος, *ewer.*
πρῶτος, *first;* adv. πρῶτον and πρῶτα, *first.*

πτερόεις, *winged.*
πτερόν, *wing, feather.*
πτόλις. See πόλις.
πτύσσω, *fold.*
πτωχός, *poor man, beggar.*
πυκινός and πυκνός, *close-set, strong.*
πύματος, *last.*
πυνθάνομαι, *learn.*
πῦρ, *fire.*
πύργος, *tower, towered-wall.*
πῶς, *how?*
πως, *somehow, perchance.*

ρα. See ἄρα.
ῥαίω, *shatter, wreck.*
ῥάκος, n. *rag.*
ῥέεθρον, *stream.*
ῥέζω, *do, perform* (esp. *sacrifice*).
ῥεῖα, *easily.*
ῥῆγος, n. *rug, blanket.*
ῥιζόω, *plant, fix firmly.*
ῥίπτω, *throw.*
ῥοή and ῥόος, *stream.*
ῥοιή, *pomegranate.*
ῥύπα, n. pl. *stains.*
ῥυπόω, *soil, stain.*
ῥυτός, *dragged (to the spot),* i.e. *huge.*

σέβας, *awe.*
σέθεν, *of thee.*
σελήνη, *moon.*
σεύω, *drive, chase.*
σιγαλόεις, *shining.*
σιγή, *silence.*
σινέσκοντο, freq. *were harming,* from σίνομαι.
σῖτος, *food.*
σιωπή, *silence,*
σκέπας, *shelter.*
σκίδναμαι, *be dispersed.*
σκιόεις, *shadowy.*
σκόλοψ, *stake.*
σμερδαλέος, *terrible.*
σμήχω, *rub off, scrape.*
σπεῖρα, n. pl. *raiment; sails.*
σπείσω, from σπένδω.

σπένδω, *pour a libation;* freq. σπένδεσκον.
σταθμός, *door-post.*
σταφυλή, *bunch of grapes.*
στείβω, *tread.*
στείχω, *walk.*
στενάχω, *groan.*
στῆθος, n. *breast.*
στῆτε, *stand, stop,* imperative, from ἵστημι.
στίλβω, *gleam.*
στορέννυμι, *spread.*
στρατός, *army, host.*
στρέφω, *turn.*
στρωφάω, *turn constantly.*
στυγερός, *hateful.*
σύ, *thou.*
συκέη, *fig-tree.*
σῦκον, *fig.*
σύμπαντες, *altogether.*
σύν and ξύν, adv. *together;* prep. (with dat.), *with.*
σύνειμι, *be with.*
συνέριθος, *fellow-toiler.*
σφαίρη, *ball.*
σφιν, enclit. *to them.*
σχεδίη, *raft.*
σχεδόν, *near, nearly.*
σχέτλιος, *hard of heart.*
σχομένη, *checking herself;* from ἔχω.

ταλαπείριος, *sorely tried.*
ταμίη, *house-wife.*
τανύω, *stretch, strain, put in place.*
τάπης, *rug.*
ταρβέω, *fear.*
τάρφθεν, *they were sated,* from τέρπω.
ταχύς, *quick;* adv. superl. τάχιστα.
τε, enclit. *both, and.* See notes on vi 108, vii 124.
τεθαλυῖα, *blooming,* from θάλλω.
τέθηπα, *be awe-struck.*
τείρω, *wear out.*
τεῖχος, n. *wall.*

τέκε, *gave birth to,* from τίκτω.
τεκμαίρομαι, *intend.*
τέκνον, *child.*
τέκος, n. *child.*
τελέθω, *be.*
τελευτάω, *accomplish.*
τελέω and τελείω, *accomplish, finish.*
τέμενος, n. *demesne, close.*
τεός, *thy.*
τερπικέραυνος, *delighting in thunder.*
τέρπω, *delight* (act.).
τέρσομαι, *be dried.*
τετιημένος, *vexed.*
τετλάμεν, pl. inf. of τλάω.
τετράγυος, *of four ploughgates.*
τέτυκται, *has been made,* from τεύχω.
τευ, *of some one,* from τις.
τεύχω, *make, build.*
τέχνη, *art.*
τεχνήσσαι, f. pl. *skilful.*
τέων, *of whom?* from τίς.
τῇ, *where.*
τῇδε, adv. *here.*
τηλεδαπός, *far off.*
τηλεθάω, *flourish.*
τηλόθεν, *from far.*
τηλοτάτω, adv. *furthest.*
τῆμος, adv. *then, meanwhile.*
τι, adv. *at all* (with neg.); *in some way.*
τί, adv. *why?*
τίθημι, *place; make.*
τίκτω, *give birth to; beget.*
τιμάω, *honour.*
τινάσσω, *shake.*
τίς, *who?*
τις, *any one, some one.*
τίω, *honour.*
τλάω, *endure, have the heart.*
τοι, (i) pron. = σοι.
τοι, (ii) particle, *surely.*
τοιγάρ, *therefore.*
τοῖος, *such;* adv. τοῖον, *so very.*
τοιοσδε, *such.*
τοιοῦτος, *such.*

τοῖχος, *wall*.
τοκεύς, *parent*.
τόσ(σ)ος, *so great*; adv. τόσ-
  (σ)ον, *so much*.
τότε, *then, at that time*.
τούνεκα, *on this account*.
τόφρα, *so long, meanwhile*.
τράπεζα, *table*.
τραπέω, *tread, press (grapes)*.
τρεῖς, *three*.
τρέπω, *turn*.
τρέφω, *nurture, bring up*.
τρέω, *flee; tremble*.
τρητός, *mortised, jointed*.
τρίχα, acc. οf θρίξ, *hair*.
τρόπις, *keel*.
τρυγάω, *gather the vintage*.
τρώγω, *eat*.
τρωχάω, *trot*.
τυγχάνω, *aim at; hit; happen*.
τῶ, *therefore*.

ὑακίνθινος, *of hyacinth*.
ὑβριστής, *outrageous*.
ὑγρός, *wet, liquid*.
ὑδρεύομαι, *draw water*.
ὕδωρ, *water*.
υἱός, *son*.
ὑμεῖς, pl. of σύ, *you*.
ὑμέτερος, *your*.
ὑόμενος, *rained upon*, from ὕω.
ὑπάγω, *bring under*.
ὑπεδύσετο, *stole out*.
ὑπεκπρολύω, *loosen from under
  (the yoke)*.
ὑπεκπρορέω, *flows out from
  below*.
ὑπέρ, prep. (with gen.), *above*;
  (with acc.), *beyond*.
ὑπερηνορέων, *overweening*.
ὑπέρθυμος, *overweening*.
ὑπερθύριον, *lintel*.
ὑπερτερίη, *upper part, awning*.
ὑπερφίαλος, *arrogant*.
ὕπνος, *sleep*.
ὑπό (with dat.), *under* (rest),
  under protection of; (with
  gen.), *from under*.

ὑπολείπω, *leave behind*.
ὑποπερκάζω, *begin to grow dark*.
ὑφάω, *weave*.
ὑψερεφής and ὑψόροφος, *high-
  roofed*.
ὑψηλός, *high*.

φαεινός, *shining*.
φαίνω, *shine, show*; φαίνομαι,
  appear.
φαρέτρη, *quiver*.
φᾶρος, n. *cloak*.
φίσκω, *assert*.
φάτις, *report*.
φέρτερος, comp. *better*.
φέρω, *bear, bring*.
φεύγω, *flee, escape*.
φημί, *say; deem*.
φῆμις, *talk, words*.
φθονέω, *envy, grudge*.
φιλέω, *love, cherish*; freq. φι-
  λέεσκον.
φιλόξεινος, *hospitable*.
φίλος, *dear, loving*; subst.
  friend.
φοῖνιξ, *palm*.
φορέω, *bear, carry*.
φράζω, *show, explain*.
φρήν and φρένες, *heart, mind,
  soul*.
φρονέω, *think, be minded*.
φυή, *stature*.
φυλάσσω, *guard, keep*.
φύλλον, *leaf*.
φῦλον, *tribe, family*.
φύω, *produce; grow*.
φωνέω, *speak*.
φώς, *man*.

χαίρω, *rejoice*.
χαλεπός, *hard, difficult*.
χάλκεος and χάλκειος, *of bronze*.
χαμαί, *on the ground*.
χαρίεις, *graceful*.
χαρίζομαι, *gratify; lavish; be
  dear;* κεχαρισμένος, *pleasing*.
χάρις, *grace, favour, gratitude*.
χάρμα, *joy, delight*.

χεῖμα, *winter.*
χειμών, *storm.*
χείρ, *hand.*
χέρνιψ, *water for washing hands.*
χέρσος, f. *land, shore.*
χέω, *pour.*
χθιζός, adj. *of yesterday.*
χθών, *earth, land.*
χιτών, *tunic, shirt.*
χιών, *snow.*
χλαῖνα, *cloak.*
χνόος, *scurf.*
χολόομαι, *be angry.*
χορός, *dance; dancing lawn.*
χρειω, *need, necessity.*
χρή, *there is need.*
χρι᾽ματα, n. pl. *possessions.*
χρίω, *anoint.*
χρονος, *time.*
χρυσος, *gold.*
χρώς, *skin.*

χντλόομαι, *bathe and anoint oneself.*
χύτο, *was poured,* from χέω.
χώρα, *country.*
χῶρος, *spot, region.*

ψυχή, *soul, life.*

ὦ, *oh!* (sign of vocative).
ὤ, *oh, alas* (exclamation).
ὧδε, *thus.*
ὦκα, *quickly.*
ὠκύς, *quick.*
ὤλεσα, *I ruined;* ὠλόμην, *I perished,* from ὄλλυμι.
ὦμος, *shoulder.*
ὦρσεν, *raised up,* ὦρτο, *arose, sprang up,* from ὄρνυμι.
ὡς, *as; in order that.*
ὣς, *thus.*

INDEX OF PROPER NAMES

The numerals refer to the pages of the Greek Text.